社員
ファースト
経営

Masaru Shirakawa
白川 克

日本経済新聞出版

プロローグ

アメリカ・ユタ州のグローバル本社から来た背の高い白人男性が、僕ら社員の前でプレゼンを始めた。

「重要なのはまず株主。次に顧客。最後に社員だ。この順番を勘違いするな」

彼が語ったのは株主資本主義と呼ばれる、今風で、根源的で、立派な価値観だ。

「株主が会社を所有する」というのは資本主義の常識だ。アメリカからわざわざ出張して、こんなことを僕ら社員の前で話すのだから、僕ら社員のことを、わがままで顧客や株主のことを考えていない連中だと、よほど腹に据えかねているのだろう。

OK。グローバル本社がそういう価値観なのは理解した。だが、僕らがそれに従う義務はない。アニュアルレポートを見ると、彼らの株主は、例えばカリフォルニア州年金基金。そんなもののために、夜遅くまでお客さんとの会議の準備をしたり、命令されてもいないのに社内向けトレーニングを作ったりしているわけではない。

そんなものより今プロジェクトで一緒に働いているお客さんの方がずっと大切だ。もちろん僕ら自身の人生も。

僕らは出て行く。

はじめに

株主より顧客、顧客より社員

わたし達の会社は社員を大切にする経営をしています。

というと、多くの会社（特に日本企業）は「ウチの会社ももちろん、社員を大切にしています」「わが社では人材ではなく人財という言葉を使っています」などと同意してくれるでしょう。ですが、そういう会社は得てして「時価総額を最大化する経営」「顧客第一主義」などの言葉も同時にWebサイトに掲げています。いったい株主、顧客、社員のどれを本当に大切に考えているのでしょうか？

わたし達（筆者白川が所属するケンブリッジ・テクノロジー・パートナーズ、以下ケンブリッジ）の答えは明確です。「株主より、顧客より、社員を大切にして意思決定する」と経営方針書に明記していますから。

本書ではこの考え方を「社員ファーストの経営」と名付け、それがどんな経営手法なのか？なぜ有効なのか？　どうやったらそういう会社を作れるのか？　を紐解いていきます。

なぜ株主や顧客よりも社員を大切にした方が、うまくいくのか？

よく誤解されるのですが「社員ファーストの経営」は、利益を出さない経営でもなければ、社員のわがままを何でも聞く経営でもありません。もちろん顧客をないがしろにする経営でもない（そんな会社はすぐに潰れてしまうでしょう）。

そうではなく、社員ファーストの本質は「社員を大切にした方が顧客に良いサービスを提供できるし、良いサービスを提供できれば結果として株主にも利益を還元できる」という理屈です。株主第一主義を唱えた経営よりも、社員ファーストを掲げた会社の方が、実は株主にもメリットがある。

こんなパラドックスみたいなことがなぜ起こるのでしょうか。本書を読んでいけばその道理をしみじみと実感できると思いますが、最初に結論だけ書いてしまいましょう。

わたし達ケンブリッジはコンサルティング業で、業務改革やＩＴシステムの構築、新規事業立ち上げや風土改革など、さまざまな変革プロジェクトを成功させるのをなりわいとしています。つまり典型的なサービス業です。

サービス業ではサービスを提供する個々人が活き活き仕事を楽しめていないと、サービス品質は上がりません。例えばいつもブスっとした顔の美容師に髪を切ってもらいたい人はいないし、店員が喧嘩ばかりしているレストランにも行きたくないでしょう。

コンサルティングも同じです。わたし達のコンサルタントは顧客の組織深くに入り込み、一緒に変革プロジェクトを実行します。このとき、コンサルタントたちがいつも不機嫌だったり、お互い怒鳴り合っていたり、会社に不満を抱えていたり、寝不足で不健康ならば、プロジェクトは成功しません。

そもそも、そんな集団は顧客の組織に悪い風土を持ち込んでしまうので、顧客は本能的に付き合いを避けることでしょう。つまり、社員であるコンサルタントを大切にしなければ、顧客を大切にできないのです。

そして顧客に良いサービスを提供できなければ競争に負け、売上が上がらない。すると株主に利益を還元できなくなります。つまりわたし達は最終的に顧客や株主を大切にするためにも、社員を真っ先に大切にしているのです。

社員ファーストが必要なのは、コンサルティング業に限らない

社会情勢の変化を踏まえて、同じ話をもう少し硬く説明すると以下になります。
- ビジネスにとっての希少資源が資本や生産設備から、優秀な人材にシフトした
- 労働市場が流動化し、優秀な人材が簡単に転職できるようになった

○従って社員を大切にしない会社は、優秀な人材をキープできなくなった
○優秀な人材がいない会社は顧客に良いサービスを提供できない
○またはリーダー不足でビジネスを変革できない
○そういう会社は顧客にそっぽを向かれる
○十分な売上利益が上がらず、株主に還元できない

このような変化が一番分かりやすく起きているのは、さきほども例にあげたサービス業です。それに比べて製造業は「装置産業」という言葉もあるように、多少人材が流出しても、立派な工場や唯一無二の生産設備を整えていれば、競争力を保ちやすい。工場見学に行くと「この大きさのアルミ板を加工できるのは日本でここだけ」みたいなお話を聞けますから。

そんな製造業でも、若手層では優秀な人から順に辞めるようになってから、もう20年になります（社費で留学した優秀な人材が日本に帰った途端辞めてしまった、というエピソードが聞かれるようになったのは2000年ごろです）。

コンサルティングの仕事をしていると強く実感するのですが、業界を問わず現在の日本企業は**深刻なリーダー不足**といえます。わたし達に相談に来る方々は一様に「変革をリードするような〝活きの良い優秀な中堅社員〟が不足していて……」と嘆きます。

ビジネスを変革しようと思い立ったとき、まずコンサルティング会社への声掛けから始めなければならないのは、自前でリーダーを育成し、活躍させられなくなっているためです。リー

ダーのポテンシャルがある社員がいても、牙を折ってしまったり、活躍の場を与えられずに転職されてしまったのでしょう。

起きているのは単なる人手不足ではなく、リーダー不足です。だから**リーダーシップをコンサルティング会社にアウトソース**せざるを得ないのです。

これは言うまでもなく、組織として大変まずい状況です。昨今「わが社もDX（デジタルトランスフォーメーション）に取り組まなければ！」と叫ばれています。これは裏を返すと、新技術の登場に応じて組織を変えていく能力がないので、掛け声が空回りしている状況なのです。

変革をリードできる人材は、その気になれば簡単に転職できる。変革を必要としている企業こそ、万難を排してそのような人材をつなぎとめなければならない。そのためには、そういう社員が辞めない職場にするしかないのです。

具体的には、優秀な社員にワクワクするような仕事を任せたり、理不尽な扱いを排除すること（無能な上司に出る杭を打たせないなど）です。社員ファースト経営とは、変革し続ける組織になるために、優秀な社員を活躍させ、働きがいを感じられるようにすることなのです。

にもかかわらず、「社員ファースト」を公言している会社はほとんどありません。

単に「リストラ（首切り）はしたくない」という情緒の面だけでなく、「優秀な人材を確保し、辞めさせないようにしなければ、競争力を維持できない。わが社の明日はない」と**本気で**考え、社内で確固たるコンセンサスになっていて、それにもとづいて日々意思決定をしている会社はほとんどありません。

　そんな現状に異議を唱えるために、この本を書くことにしました。社員ファーストがなぜ良いのか（Why）だけでなく、なんなのか（What）、そしてどうやれば実現できるのか（How）について、わたし達の会社をケーススタディにして説明します。

　したがって「ケンブリッジではこうしています」「この制度にはこんなに良い点があるよ」という記述も多くありますが、創業社長が書いたよくある本のように「俺の会社はこんな会社だ！　どや！　すごいだろう！」と自慢したいわけではありません。

　やりたいのは「できたらいいかもしれないけど、実際無理っしょ。会社なんだから」と諦めている人々に、「完璧とは程遠いけど、こういう形でなら、ここまでならやれてるよ」を示すことです。理屈だけでなく、そこそこやれている会社が少なくとも1社はあるのであれば、机上の空論ではないことを証明できます。

　この本を読んで「自分の会社でもいっちょ目指してみるか」「この程度なら、俺たちの方がもっとうまくできるのでは？」と思ってくれる会社が現れるような本にしたいのです。それに、生々しい事例がたくさん載っている本の方が、読んでいて楽しいですからね。

　もちろん、皆さんの会社のビジネス環境は、わたし達ケンブリッジとは違うでしょう。そもそも現在所属している社員の価値観や好みも違う。ですからわたし達がやっていることをそっくりそのまま真似るのはナンセンスです。

本書を読みながら「このアイディアはウチの会社でもそのままパクれるな」「これはちょっと合わないだろうから、こうカスタマイズしたらよさそう」などと、常に自分の会社に引き寄せながら読んでみてください。

目次

01 社員ファーストの経営とは

会社が無くなりそうだったときの話

社員ファーストの経営として、わたし達が何をやっているか（What）の前に、なぜわたし達が社員ファーストでなければならなかったか（Why）を語っておきましょう。

まずはわたし達の会社、ケンブリッジの社員数を示したこのグラフを見てください。これと同じものをパネルにしてオフィスに飾ってあるので、よく「この暗黒時代に何があったのですか?」と聞かれます。会社がマズイ状況だったのは、誰にでもひと目で分かると思います。

ケンブリッジ・テクノロジー・パートナーズはアメリカ東海岸、ボストンの隣にあるケンブリッジという街で生まれたコンサルティング会社です。ケンブリッジにはハーバード大学やMIT（マサチューセッツ工科大学）があるため、ハイテクベンチャーなども多くあります。

○社員数の変遷

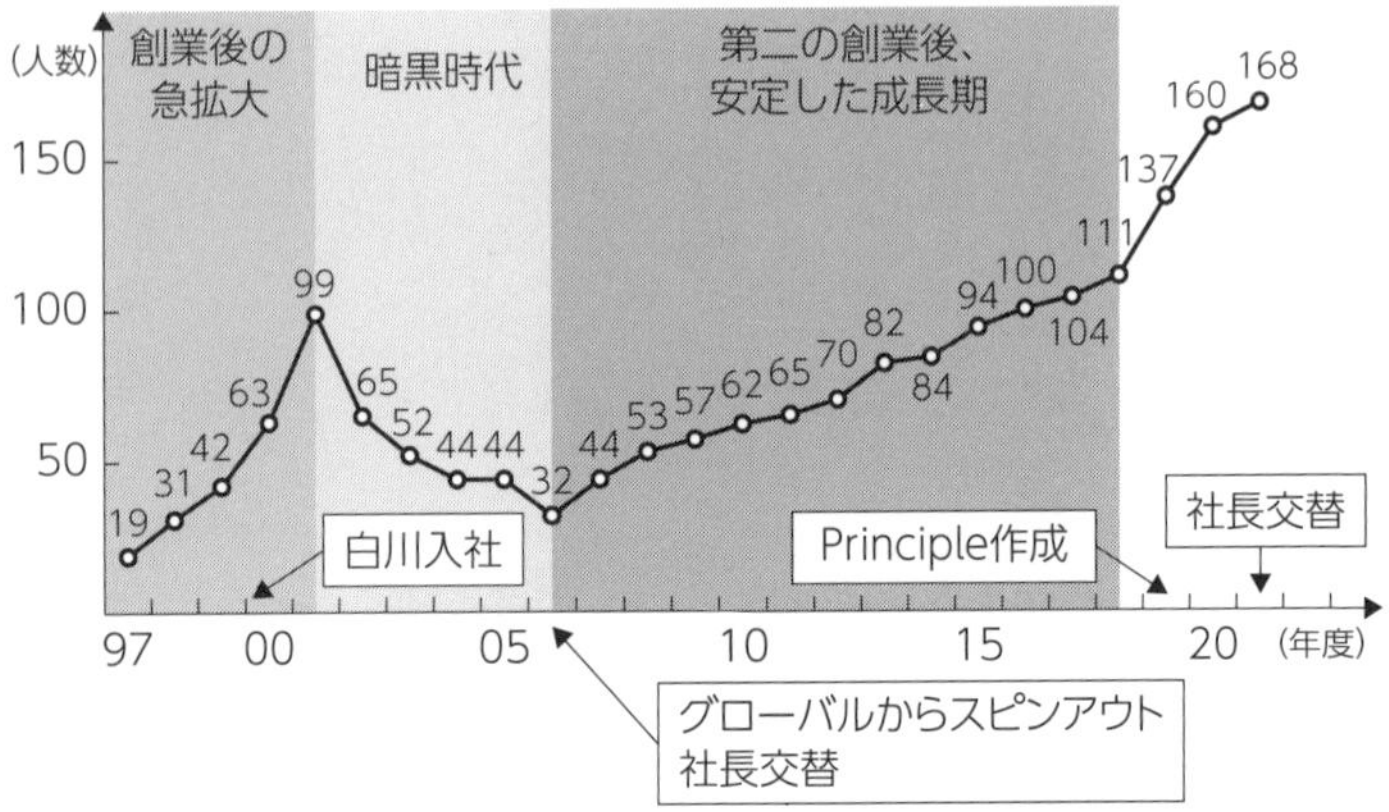

わたし達の会社もその一つで、ソフトウェア開発の新しい方法論を実践するためにMITの教授が起業しました。

それ以来、多少の紆余曲折はありながらも、既存のコンサルティング会社へのアンチテーゼとして多くの顧客に受け入れられ、わたしが入社した2000年にはグローバルで5000人のコンサルティング・ファームでした。

日本支社はまだ開設して2、3年。社員は30人くらいでしたが、毎月のように中途採用の社員が入社し、新しい顧客との取引も始まっていました。当時のケンブリッジのウリは、プロジェクトを成功させる独自の方法論を持っていたことと、アメリカの最先端の変革を日本企業に紹介できたこと。社員としては、元気で和気あいあいとしたカルチャーも

ケンブリッジ入社直後の筆者

魅力でした。

当時アメリカで花開きつつあったｅビジネス（インターネットを活用した新しいビジネスモデルのこと。この時代、Ｗｅｂ上で自社製品を売ったり、顧客サポートをする方法を各社が手探りしていた）の仕事も多く、新しい時代を切り開くワクワク感が会社全体にあふれていたのを覚えています。

でも２、３年後に社員数が１００人を超えるか超えないかというあたりで、風向きが変わってきました。まず世界的なＩＴバブルが崩壊し、グローバル本社が別の会社に買収されました。ケンブリッジの旧経営陣はそのまま残ったけれども、コンサルティング会社というよりは、「ソフトウェア製品を売るベンダー企業の一部門」という位置づけになったのです。

さらにケンブリッジ日本法人も拡大を急いでいたため、ケンブリッジのカルチャーや方法論にあまり関心がないような人たちがたくさん入社していました。そういう社員たちは個々のコンサルタントとしては優秀だったのですが、各々が他のコンサルティング会社のやり方で仕事をしますから、「どういう方針でサービスを提供するか？」「どうやって競合他社に勝つか？」「何が嬉しくてこの会社で働いているのか？」という、会社としての戦略やアイデンティティみたいなものが、ボケボケになってしまったのです。

そういった会社方針の不明確さは、「社員数」という、分かりやすい数字になって表れました。毎月新入社員を採用しても、それ以上の社員が辞めていきます。「もっと○○な仕事がやりたくて」と前向きな理由を語る人もいれば、ストレートに「会社のビジョンが見えなくて不安なんです」と言う人もいました。

いくら終身雇用ではない外資系企業だからといっても、これだけの人が辞めると、会社の雰囲気は最悪です。次々と人が入れ替わるので、たまにオフィスに行っても「自分の会社」という感覚を持てなくなっていくのです。空席も多く、笑い声も少ない。寒々としていたのをよく覚えています。

わたし自身はそんな自社の状況に向き合わず、古河電工さんというお客様とのプロジェクトを成功させることだけを考えていました。他の人のように辞めなかったのは、こんなになってしまう前のケンブリッジが好きだったのが3割、お客様とのプロジェクトを投げ出したくなかったのが7割、という気持ちでした（このプロジェクトの話は『反常識の業務改革ドキュメント』〔日経BP〕という、わたしの処女作に詳しく書きました）。

崩壊していく自分の会社を眺めながら**「ああ、会社というのは意外とあっけなく無くなってしまうのだな」**と他人事のように思っていました。製造業のように立派な工場があるわけでもなく、小売業のように物であふれる現場を持たないサービス業なんて、はかないものです。

プロローグで紹介した、グローバル本社の偉い人が「社員より顧客、顧客より株主を大事にしろ」とプレゼンしたのもこのころです。こんな状況だったので、彼のメッセージが社員のこころに届くわけがないですよね。

結局、社員数がゼロになる少し前に、日本法人だけグローバルからスピンアウトすることにしました。社員数は奇しくも、わたしが入社したときと同じ、30人まで減っていました。

当時わたし達のお客様だった日本ユニシスさん（現ビプロジー）に、グローバル本社から株を買い取る際のスポンサーになっていただきました。放っておけば社員数ゼロになるのは目に見えていたので、売値は二束三文。

新しく生まれ変わった会社には、これまであれこれ指示を出してきたグローバル本社はありません。日本法人を立ち上げた創業以来の社長も、スピンアウトの直前にグローバル本社からクビにされていました。

残されたのは、現場で一生懸命コンサルティングをやってきた社員たち。新社長になってくれた鈴木努も、これまでわたし達と一緒に働いていた、一コンサルタントでした。つまり新しく会社創りを担ったのは、経営の経験が全くないメンバーだったのです（コンサルタントなので、顧客の経営に近い仕事をしていたのがわずかなアドバンテージだったかもしれません）。

その際、一番根底にあったのが、**「社員が〝この会社にいたい〟と思ってくれなかったら、会社は簡単に無くなってしまう」**という危機感です。なにしろ暗黒期の最中にも辞めずに「この会社にはなにか特別なものがある」と愛着を感じていた人だけで再出発した会社ですから。

だからこの会社にとって「社員ファースト」という感覚は、高邁な理想でも経営のテクニックでも、経営者から社員への温情でもありません。ただの現実です。そう考えなければ、この会社は無くなってしまう。あの時瀬戸際までいったように。「社員ファースト」でなければサバイブできなかったのです。

真っ先に社員について考える経営

社員ファースト経営を一言で表現すると、「真っ先に社員について考える経営」になるでしょう。

人材の流動性が高い業界（人が転職しやすい業界）では、社員を大切にしなければ簡単に会社は無くなります。そこまで極端でなくても、何年もかけて育てたハイスキルな社員が次々と辞めてしまい、新人をゼロから教育し直すのは経営にとって大きなマイナスです。

サービス品質も上がらないし、教育コストもかかる。ひどいときには「教える人が全員辞めてしまって教えられない」という状態に陥ります。だから**経営で意思決定する際に、社員を第一に考えざるを得ない**。株主や顧客の利益と社員の利益が相反する事態に陥ってしまったら、最後には社員の利益を優先する。これが社員ファーストです。

社員ファーストは「社員を大事にしよう」と**なんとなく心がけるのとは全く違います**。大事なのは**「株主や顧客よりも、社員を大事にする」**と、明確に優先順位を持つことです。例えばコンサルティング業では、「1円でも多く利益を出すこと」と「社員の育成や働きがい」が相反する場面があります。このときに社員ファースト経営では、迷いなく社員の育成や働きがいを優先します。

具体例を使ってもう少し詳しく説明しましょう。ケンブリッジでは毎週金曜日を「個人や組織の成長を大事にする日」と定めています。成長のために何に時間を使うのかは、個々の社員が自由に選択できます。

トレーニングを受けたり、会社を良くするための自発的な活動（例えば講演資料の作成、会社イベントの幹事など）に使うのが典型的な金曜日の過ごし方です。

お客様とやっているプロジェクトの仕事も大変忙しく、実際には金曜日にやらざるを得ないこともありますが、その場合も、振り返りミーティングやプロジェクト長期計画など、普段は落ち着いて時間を取りにくい視点でのプロジェクト活動が奨励されています。

一方で、「いま、このプロジェクトに全力投球することこそが自分の成長になる！」と考えている社員や、突発的なことが起きて仕事の進捗が心配な社員は、他の曜日と同様に次の打ち合わせの準備をするかもしれません。それも含めて、何をするかは社員に任されています。

いずれにせよ、全社員に「20％の時間は直接顧客に請求しにくいことに使っていいよ」と伝えているわけです。もしこんな働き方をせずに、１００％の時間を顧客向けの仕事にあてたら、その分売上、利益が増えそうなものです。株主にとってはその方が喜ばしいのですが、それは社員ファーストには反するのでやりません。

ところで、毎週金曜日をこうした活動にあてていると、コンサルティングサービスの品質は向上します。例えば「別のプロジェクトの事例勉強会で聞いた、あの方法を今のプロジェクトでも提案してみよう」とか、「落ち着いてプロジェクトを振り返る時間を取れたので、リスクを洗い出せた。月曜日に早速対策を検討しよう」といったことが頻繁に起こるからです。これは顧客にとっても大きなメリットです。

こうして顧客とやっているプロジェクトが大成功すれば、顧客は満足し、評判が高まります。評判が高まれば、自然と仕事の依頼も増え、利益が上がるようになります。

一方でトレーニングの講師をやったり、勉強会に参加することで、当然社員は成長します。そうすればより難しく、高いフィーをいただける仕事を任せられます。こちらのルートでもやはり、最終的には売上、利益が上がります。

つまり、まずは社員ファーストを徹底することが、顧客へ良いサービスを提供できることに繋がり、売上や利益が上げられる。回り回って株主にとってもメリットがあるわけです。社員ファーストが「顧客や株主よりも、社員のことを優先的に考えるが、顧客をないがしろにするわけでも、株主に利益を還元しないわけでもない」と言っているのは、こういう理屈なのです。

「真っ先に社員について考える経営」には、文字通り「経営者が社員について考える時間が長い」という側面もあります。例えば、毎週の経営会議の議題の半分以上が「この社員は、どのプロジェクトで働いてもらうのが一番成長できそうか」「プライベートでの事情を抱える社員にどう配慮すれば、仕事と両立しやすいか」など、個々の社員が活き活きと働くことに関係しています。

また、社長やCOO（チーフオペレーションオフィサー）であるわたしも、かなりの時間を組織の活性化や、社員との面談に使っています。会社にとって一番大事な資源である経営陣の時間を社員のためにつぎ込むのも、社員ファースト経営と言えるでしょう。

「会社は社員ファースト」と「社員は顧客ファースト」が両輪

読者の中には、「社員ファーストって、昭和の時代に一般的だった家族的経営や、社員に甘い温情主義のことだろうか?」と思う方もいるかもしれません。もちろん違います。

例えば人事評価はかなり厳格に(能力がそのまま評価に反映される形で)行いますので、「貢献度が低いにもかかわらず、同期と横並びで昇進する」みたいなことはありません。社員一人一人に委ねられている裁量が大きいがゆえに、しっかりと自律的に仕事をする社員じゃないと、とても居心地が悪い会社でしょう。社員を甘やかす会社ではないのです。

社員ファースト経営がただの温情主義ではないもう一つの側面は、社員たちがみな「顧客ファースト」なことです。「自分たち社員を甘やかそう」と思っている社員は全くいません。

例えば、顧客へのサービス品質が悪い場合は、社員同士で、改善のために容赦ない議論が巻き起こります。つまり仕事に対しては大変厳しい。これは経営がどうこうというよりも、コンサルタントとしてのプロフェッショナリズムからきています。

経営陣や管理職に言われるまでもなく、社員全員が普段から「それはお客様のためにならないのでは?」「もっとサービスレベルを上げるべきだ」などと、お客様を第一に考えた言動をしています。

「会社が社員ファーストでありながら、当の社員は顧客ファースト」という状況が成り立っているのには、理由があります。いい加減な仕事ぶりを許していると、自分たちがチャレンジしたい、面白い仕事の依頼が来なくなるからです。誰もアマチュアっぽいコンサルタントに仕事を頼みたくないから。

ケンブリッジのコンサルタントが仕事をする上で一番重視しているのは、やりがいがあるプロジェクトに参加することです。仕事に厳しさがないと、これがないがしろにされてしまう。社員ファーストとして、避けなければならない事態です。

つまり「会社が社員のことを真っ先に考えている」と「社員がお客様のことを真っ先に考えている」の両輪が揃ってはじめて、社員ファースト経営は成り立つのです。この仕事への厳しい姿勢は、社員ファースト経営を考える上でとても重要なことなので、10章「社員は顧客ファースト」で詳しく説明します。

多くの要素が噛み合ってこそ

先に「社員ファースト経営とは真っ先に社員について考える経営だ」と書きましたが、厳しいビジネス環境で、社長が毎日社長室で社員のことを考えている**だけ**では、良い経営は実現できないでしょう。業績が悪化すれば解雇や倒産をするハメになり、結局は社員のためにもなりません。

それと同様に、利益を出して株主に還元するとか、会社を成長させることに無関心でいるわけにもいきません。資本主義の世の中ですから、利益や会社の成長をないがしろにしては会社が成り立たないからです。

あくまで「社員のことを真っ先に考えるからこそ、顧客に質の高いサービスを提供し、結果として株主にメリットをもたらす経営」という、一石三鳥が狙いです。そのためには多くの要素が相互に嚙み合う必要があります。

この本ではそれらの要素を章ごとに取り上げ、実例を交えながら説明していきます。見通しを良くするために、この章でざっと紹介しておきましょう。

まず2～4章で、「社員のことを真っ先に考える」について、「具体的にどういうことか？そうすると何が起こるのか？」を説明します。いわば「ケンブリッジ流、社員の働きがいの高め方」です。

02章「仕事を楽しめる仕掛けを作る」

社員のためを考えたときに真っ先に思い浮かぶのが、「活き活きと仕事を楽しんで欲しい」というシンプルなことですよね。わたし達はＨａｖｅ Ｆｕｎ!! をキーワードに、社員が仕事そのものを楽しむことを奨励しています。

03章「仕事を選ぶ」

仕事を楽しもうとしても、取り組む仕事に意味を感じられなかったり（いわゆるBullshit Job）、ともに働く人々を好きになれなかったら、それ以前の問題です。だからわたし達は毎日ワクワクしながらチャレンジできるような仕事を厳選しています。自分たち社員のために。

04章「きれいごとを貫く」

世間ではほとんど語られないのですが、社員の働きがいに一番直結しているのが、この「きれいごとを貫く」という経営方針です。仕事であっても、曲がったことはしなくてよい。無理に売上を求めなくてもよい。社員が良心の呵責なく、お客様のためだけを考えていればよい状況を作るのは、経営陣のもっとも大切な仕事です。

＊　＊　＊

次に、経営にまつわる意思決定や会社創りの多くが社員に委ねられている様子を紹介します。徹底したボトムアップ型の経営であり、「経営者、管理者、一般社員の垣根がなくなっている状態」と言ってもよいかもしれません。「社員ファースト」という言葉には、「社員が主役の会社」という意味も含めています。

05章「ファシリテーションで経営する」

ファシリテーション経営とは、意思決定を社長や事業部長などの〝長〟が下すのではなく、関係者で徹底的に議論し、コンセンサスを作ることにこだわる組織運営のスタイルを指しています。

議論の際には年次や役職も無関係。「誰が言ったか?」よりも「良い意見か?」が重要。コンセンサスを重視した組織運営を続けていくと、不思議なことに組織がフラットでオープンになっていきます。社員が活き活きと仕事をする上で必要な、さまざまな波及効果を生むのです。

06章「原理原則で経営する」

意思決定のたびにコンセンサスを作っていると、組織が大事にしている価値観や判断基準がすべて明文化されていきます。これをまとめたものをPrinciple(原理原則)と呼んでいます。

Principleを社員全員が共有することで、「大幅に権限委譲しても、後から怒られる心配のない、心理的安全性が保たれた組織」を実現できます。

07章「自分の会社は自分で創る」
08章「ワークアウトで会社を変えてもらう」

7、8章はともに、（経営者ではなく）一般社員が会社を創り、変えていく仕組みの紹介です。ちょっとした定例イベントの幹事から海外支社設立まで、新しい取り組みは社員が自発的にやり始めたことばかり。

＊　＊　＊

次のパートでは少し毛色を変えて、社員ファースト経営をする上での注意点を説明したいと思います。先ほど「社員を甘やかす会社ではない」と書きましたが、その深掘りですね。

09章「薔薇色だけではない」

社員ファーストの経営を志していますが、現時点でわたし達の会社のすべてが薔薇色というわけではありません。コンサルティングという仕事に特有の厳しさもありますし、年功序列を廃したことから生じる、ある種のしんどさみたいなものもあります。また社員ファーストな組織は人によって向き不向きもあるのです。

10章「社員は顧客ファースト」

社員ファースト経営は「社員が社員ファースト」だったら成り立たない。実際にケンブリッジの社員は徹底した「顧客ファースト」です。なぜ社員が顧客ファーストであることは欠かせないのか？　どうしたら社員が顧客ファーストになってくれるのか？　を紐解きます。

＊　＊　＊

最後に社員ファースト経営を構成する最重要な要素である「社員」にフォーカスを当てます。つまり採用と育成です。社員ファーストに適した社員がいなければ、社員ファースト経営は絵に描いた餅になってしまいます。

11章「最高の社員を集める」

社員ファースト経営に合った人材を集めるのに最適な方法は、（自社ではなく）採用候補者にとって正しいことを愚直にやることです。相手にとって正しいことをする姿勢は伝わるものです。それに共感して入社してきた社員は自然に、顧客にとって正しいことをするようになります。

12章「最高の社員に育てる」

社員がお互いに教え合い、磨き合う。それが社員ファーストな育成です。なにごとも社員が主役の会社なので、育成部門や外部講師ではなく、社員が教え合うのはとても自然なことなのです。

このようにさまざまな切り口で、具体例を中心に社員ファーストな会社を描写していきます。通して読んでいただければ、社員ファーストが全体としてどんな経営なのか、そして各要素がどう噛み合っているのか、理解していただけることでしょう。

それでは能書きはこれくらいにして、次の章ではまず、「仕事を楽しむ」について深掘りしていきましょう。読者の皆さんの会社運営の参考になることも、きっと見つかると思います。

02 仕事を楽しめる仕掛けを作る

Have Fun!! というマジックワード

この話をするにあたって最初に伝えておきたいのは、「仕事は本質的にツラく、厳しいものだ」とわたし達が考えていることです。だが、だからこそ、楽しみながらやった方がいい。お菓子を食べながらより、空腹のままの方が良い議論ができるならそうする。ポロシャツより、ネクタイを締める方がより良いアイディアが出るならそうする。笑顔より、しかめっ面の方が良いチームになるならそうする。バカ話を挟むより、雑談禁止の方が生産性が高いならそうする。でも大抵はそうではありません。

この考え方は「Ｈａｖｅ Ｆｕｎ!!」というキーワードに凝縮されています。英語で「楽しくやろうぜ！」という程度の意味でしょう。

初めてこの言葉を聞いたのは、２０００年。ケンブリッジのＮＹオフィスからＧｒｅｇというナイスガイがトレーニングに来てくれたときでした。彼は当時始まったばかりだったWebビジネスの最先端事例や方法論を語ってくれた後、日本を去るにあたっての置き土産として、彼が仕事を通じて大事にしている精神についてスピーチをしてくれました。

Have Fun はその中に出てきた言葉です。彼の言葉を引用しましょう。

Have Fun!!――仕事を楽しもう

僕らがプロジェクトを始めるときに「Have Fun でいこうぜ!」と言い合うとき、それはチームメンバーで飲み会やボウリングに行くことを意味しているわけではない(それはそれで楽しいんだけどね)。

僕らは Have Fun を「仕事を楽しむ」という意味で使っている。

Webを使ったビジネスアイディアを議論したり、データベース設計をしながら Have Fun を感じられるなら、それってすごくCoolじゃない?

僕らが本当の意味で仕事を楽しんでいるならば、僕らは決定的な仕事を成し遂げられるだろうし、お客さんだって僕らと働くことが大好きになってくれるだろう。

彼のスピーチを聞いて、とても共感しました。社会人1年生のときから、ずっと「仕事は楽しくやらなきゃね!」と思ってきたから。特に、「飲み会とかじゃなくて、仕事そのものを楽し

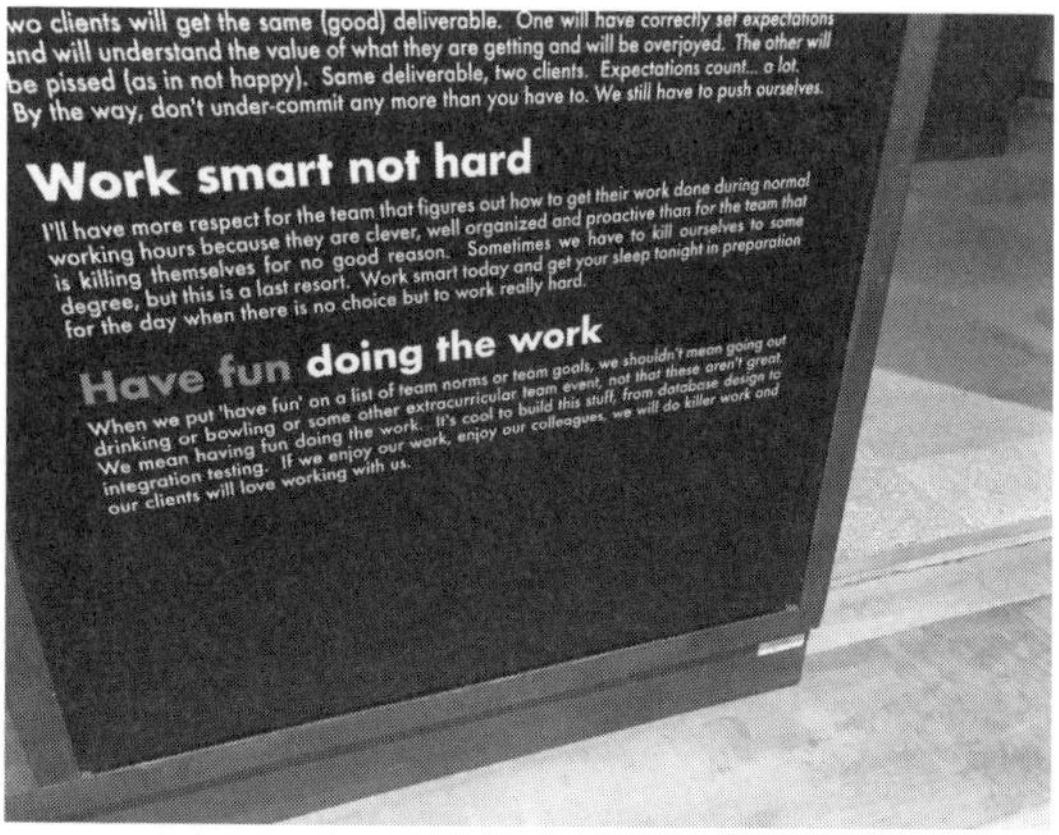

オフィスに張ってあるGregのメッセージ

めるなら最高」というところがすごくいいんですよね。

それ以来「仕事そのものを楽しもう」は、わたしの仕事人生のテーマであり続けました。もちろん、すべての仕事でそんなふうにはいきません。苦労もするし、辛いときもあるし、終電まで仕事することもある。それでも、しつこく目指し続けました。

そしてこのＨａｖｅ Ｆｕｎ‼精神を、社内はもちろん変革プロジェクトに取り組む同志であるお客様たちにも広げていきました。変革の主役でときに社内の抵抗勢力と向き合う必要などもある、お客様のコアメンバーにこそ必要な精神なのだから。

あんなHave Fun‼
こんなHave Fun‼

「仕事を通じた楽しみ」自体は、皆さんも感じることでしょう（頻度は人それぞれだと思うけれども）。ケンブリッジにおけるＨａｖｅ Ｆｕｎ‼がどんな感じなのか、社員に聞いてみました。

●エンターテイメント企業の創業社長に組織やシステムの現状を訴えるとき、漫画の名場面を使ったプレゼンテーションをしたら、ニュアンス含めてすぐに理解してくださって「そうそう！　ウチってこうなんだよ」と言ってもらえた。

●システムの制約で歪んでしまっていた業務プロセスをお客さんと一緒に議論し、考え方を少し変えるだけでスッキリした業務に変えることができた。

●プロジェクト立ち上げ時に決めた方針が、その後もことあるごとに引用されたり、議論が混迷したときに立ち戻る土台になったりした。

●プロジェクトルームでお客さんたちとバカ話で盛り上がったとき。

●新業務の勉強会を2日間ぶっ通しでやる際、だらけないように「参加度が高い人は罰ゲームをしなくていい」というお遊び要素を取り入れることにした。お客さんは関西ノリの方々で罰ゲームも大爆笑だったし、真剣に参加してくれたので業務への理解度をかなり上げられた。

●新手法を使って現状のＷｅｂサイトがいかに使いにくいかを定量的かつグラフィカルに示すことができた。それが改善提案の説得力を生み、ＵＩやＵＸに疎い大企業だったが「お客様にこんな不便を強いていたのか……すぐに手を打たねば」と経営会議で即ＯＫをもらえた。あとで「副社長も絶賛していたよ」とお客さんから教えてもらった。

○プロジェクトの山場で「もう議論は尽くした。あとは行動あるのみ！」と、お客様もベンダーさんも、みんなで結束した瞬間。そうなると休日出勤すら楽しかった。

○プロジェクトが終わって1年後、一緒に仕事をしたお客さんから「あのプロジェクトは良かったよね〜。またあのチーム結成できないかな？」と言われたとき。

改めて書き出して思うのは、社員それぞれによって書いていることが結構バラバラなこと。つまり「仕事でHave Fun!!を感じるのは大事だよね」という価値観は共有しているけれども、「どんな出来事からHave Fun!!を感じるか？」は社員ごとに違うんですね。

以前、社内座談会で「あなたのHave Fun!!の源泉は次の5つのうちのどれ？」というアンケートがありました（こういうカルチャーについて皆で意見を述べ合う座談会がちょくちょく企画されるのです。12章「最高の社員に育てる」参照）。

アンケートの選択肢は「一体感」「貢献感」「疾走感」「達成感」「成長感」の5つ。結果は見事なまでにバラバラでした。「9割が貢献感。チームやお客さんの役に立てている実感が大事です」という人もいれば、「どれも大事だけど、一つ挙げるなら一体感かな。お客さん含めて一つになり、目標に向かって進んでいる感じが好きです」という人も。

もう一つ感じたのは、みんな結構真面目だな、ということです。漫画を使ったプレゼンや罰ゲームで盛り上がるなど、仕事にちょっとした遊び要素を組み込むのもＨａｖｅ Ｆｕｎ‼らしいのですが、実は新しいことへのチャレンジや良いチームを作れたことにＨａｖｅ Ｆｕｎ‼を感じている人も多い。

これはコンサルティング会社というのも影響していると思います。個々人は真面目で勉強熱心。でもだからといってしかめっ面でそれをやるのではなく、仲間と和気あいあいと、バカ話をしながらも、真剣にプロジェクトを成功させようともがく。それがわたし達にとってのＨａｖｅ Ｆｕｎ‼なのかもしれません。

なぜ仕事でHave Fun!!が大事なのか？

仕事は本質的にツラく厳しいもの、と思っているのに、なぜわたし達はＨａｖｅ Ｆｕｎ‼を大切にしているのでしょうか。

Have Fun!!な理由❶　素朴な話

わたし達の人生に占める仕事の割合ってとても大きいですよね。24時間から睡眠と生活必須時間を除くと、14時間くらいしか残らない。そのうち仕事が占める割合って、もの凄く大きい。仮に10時間働くなら、71％もある。

人生が楽しいかどうかって、この71％が楽しいかでかなり左右されると思います。もちろん10時間は耐え忍んで、残りの4時間を満喫するという考え方もありうるけど、あまり賢い作戦とは思えない。というわけで「仕事は楽しくやらなきゃね」と素朴に考えています。

Have Fun!! な理由❷ 仕事を成功させるため

わたし達が手掛ける変革プロジェクトは、7割程度が失敗すると、一般的に言われています（例えば「日経コンピュータ」2018年3月1日号によると、大規模ITプロジェクトの成功率は16％）。

もちろん誰も失敗させたくないから、成功させようと苦闘するのですが、これがツラい。残業もツラいし、トラブル頻発も怖い。そもそも誰もやったことがない仕事なのだから先行き不透明で不安を感じてツラい。

でも、そんなプロジェクトこそ楽しくやった方がいいとわたし達は思っています。その理屈を少し丁寧に説明しましょう。

プロジェクトの成否を分ける要素にはいろいろありますが、

- コミュニケーションがスムーズ
- 誰がやるか明確に決まっていないタスクをお互いフォローし合う
- いいアイディアがいっぱい出てくる

○しんどい状況でもあと一歩深く考えるなど、踏ん張りが利くみたいな、些細なことが大事です。意外と人間的ですよね。そして「チームが機能しているか？」の重要性も理解できると思います。

人間的だし、チームが機能しているか？　が問われるのです。コンサルタントに限らず、どんな会社でもプロジェクトに取り組む際は同じです。ルーティンワークじゃないからこそ、上から指示されたことを黙々とやっているだけでは足りず、プロジェクトメンバー全員が自主的にこれらを積み重ね、なんとか成功を引き寄せるというイメージです。

右にあげた要素はどれも、やらされ仕事としてイヤイヤやっている人には、期待できません。専制君主がマネージャーとして君臨しているプロジェクトでも、期待できない。信頼できない人と一緒に働いていると感じていても、期待できない。

逆に、プロジェクトを楽しんでいる人々とチームを組んでいるときは自然とコミュニケーションが良くなるし、自主的に仕事を拾うし、なんとか知恵を絞るし、ここぞというときに馬鹿力が出る。

つまり、プロジェクトを成功させるためには、「参加している人々が楽しんでいること」が絶対に必要なのです。先に書いた理由は、労働者としての素朴な願望ですが、この理由は、冷静なビジネス上の力学みたいなものです。

だからわたし達は自分たちが仕事を楽しむだけでなく、その輪をお客さんたちになるべく広げていきます。お客さんの組織カルチャーを、プロジェクトが成功しやすいカルチャーに染めるのも、わたし達の仕事のうちなのです。

わたし達の仕事に引き寄せて「Ｈａｖｅ Ｆｕｎ!! は変革プロジェクトの成功の秘訣です」という話をしました。もしあなたがルーティンワーク以外の仕事をしているなら、同じことです。例えば新製品開発や設備投資が仕事ならば、それが自動車の開発や工場設備の更新みたいなお硬いテーマであったとしても、ここで強調したことが成否を分けることでしょう。

Have Fun!! な理由❸ サービス業だから

わたし達コンサルタントは、お客さんの組織に入り込み、ともに変革プロジェクトを成功させる仲間となります。あなたがコンサルティング会社を選定するとして、目の前のコンサルタントが寝不足でいつも不機嫌だったり、上司の顔色をうかがってビクビクしているような人なら、仕事を頼みたいとは思いませんよね？　組織の中にそんな人を呼び込んだら、会社全体の雰囲気も悪くなり、自社の社員のパフォーマンスも落ちますから。

つまりコンサルティング会社にとって、商品でもあるコンサルタント達が活き活きと楽しそうに仕事をしていることは、実は販売戦略上とても重要なことなのです。Ｈａｖｅ Ｆｕｎ!! は社員のためと同時に、ビジネス上の必要条件でもあります。

ここで書いたことも、実はコンサルタントに限りません。例えば人事部門。ときに社員を罰したり、降格人事を言い渡したり、ミスが許されない給与計算を担当していたり、厳しい仕事です。

だとしても、人事部のメンバーがしかめっ面でいがみ合いながら仕事をするチームではなく、和気あいあいと目を輝かせて働いている方がいいに決まっていますよね？　社員としてはその方が個人的な相談を持ちかけやすいですし、経営幹部が社員教育の議論をしにふらりと立ち寄ってくれますから。なにより人事が明るい方が、会社全体も明るくなる。

Have Fun!! は与えられるものではなく、見出すもの

Gregは「Webのビジネス構想はもちろん、データベース設計をHave Funと思えるならクールだよね」と僕らに話してくれました。皆さんはデータベース設計を楽しんでやれるでしょうか？

これは簡単な話ではありません。飲み会やボウリングとは違って、データベース設計は必ずしも楽しくはないから。

でも世の中には、「面白がる能力が高い人」が一定数います。知的なことにワクワクする能力とか、自分なりに工夫するのが好きだとか、みんなで大まじめに議論しながら何かをつくり上げるのが好きだとか。わたしはこの**「面白がる力」は、現代ビジネスパーソンの必須スキルの**

仕事を成し遂げて、皆で祝うのもHave Fun!!の1つ

一つだと思っています。

いくらHave Fun!!を大切にしているからといって、わたし達の会社は口を開けて待っている社員に楽しさを提供してあげているわけではありません。会社がやるのは、「将来この人は仕事を楽しんでくれるだろうな」と思う人を採用することと、社員が楽しげな発案（例えば社長向けのプレゼンで漫画を使うこと）をしたときに、潰さないこと。

Have Fun!!とは、与えられるものではなく、社員一人一人が見出すものなのです。

あなたの会社でやるには？

皆さんの会社にHave Fun!!の精

神を持ち込むコツをいくつか紹介してこの章を終えましょう。

コツ❶ 仕事に直結しないことも

ケンブリッジの全社会議では「ラップ調で良きワークスタイルを発表する」とか「ガンダムのセリフで議事進行する」という狂った回がちょくちょく企画されます。面白いから。

それを聞いて「公的な場である全社会議でおちゃらけなんて、ウチでは無理だな……。でも社員が真面目な仕事に手応えを感じ、楽しむのはやって欲しいな」みたいなことを思う方が多いと思います。

でも、それは難しいと思います。

日本人は「仕事は仕事。楽しみは楽しみ」と、完全に分けて考える人がほとんどです。そういう人に対して、「ガンダムはやり過ぎだけど、Icebreaker くらいならいいぞ」とか、「Icebreaker は時間の無駄だけど、お前らも仕事を楽しめよ」と訓示だけ垂れても、社員の気持ちや行動は何も変わりません。

そうではなく、「仕事と Have Fun!! って、別に水と油じゃないんだよ」「仕事に Have Fun!! を持ち込むことで、むしろ生産性が上がるよ」と一回、Have Fun!! を全肯定する必要があるのです。

そうして、ちょっとくらい行き過ぎた Have Fun!! にも目をつぶっていると、もともと真面目な社員たちは「でも仕事を通じたこういう楽しさこそが、本質的なHave Fun!!だよね」などと言い始めるのです。この章で書いてきたように、それは組織にとってとても大きなメリットがあります。行き過ぎたHave Fun!!のデメリットなんて簡単に上回るくらいに。

コツ❷ プロジェクトという治外法権でやる

これまでずっとしかめっ面でやってきた普段の仕事にいきなりHave Fun!!を持ち込むのは確かにハードルが高そうです。そこでおすすめなのは、何らかのプロジェクト（新製品開発プロジェクトや業務改革プロジェクトなど）という、普段と切り離された場では「ここで働く限りはHave Fun!!アリだぞ」としてしまう方法です。

先ほど書いたように、そういうプロジェクトでこそHave Fun!!は必要ですし、新しいことをやる、つまり普段とは違うノリで仕事をすることになるのでモードを変えやすいのです。もしHave Fun!!を原動力にそのプロジェクトが成功すれば、社内の見る目が変わってくるでしょう。

コツ❸ 率先する

大企業の破産が相次ぐアメリカ航空業界で異例の好業績を続けているサウスウエスト航空と

いう会社があります。多くの経営学の本で取り上げられているので知っている方も多いと思います。

その共同創業者ケレハーも「仕事は楽しくなければ」という信条だったらしいのですが、彼がすごいのは自分で率先しまくっていること。社内のイベントに女装して現れたり、社員募集の広告にプレスリーのコスプレをして「プレスリーまで履歴書を！」と書いたり……（ケビン＆ジャッキー・フライバーグ『破天荒！サウスウエスト航空 驚愕の経営』〔日経BP〕より）。

社長がここまでやれば、社員は一発で「しかめっ面で仕事する必要なんてないんだ」と理解するでしょう。サウスウエスト航空の好業績をＨａｖｅ Ｆｕｎ!! 精神だけで説明できるわけではありませんが、顧客にフレンドリーに接する、楽しげな従業員たちがこの会社の魅力なのは確かなようです。

そういえばケンブリッジの「ガンダムのセリフで進行する全社会議」を企画したのも、現社長の榊巻でした……。

白川のつぶやき

日本組織の経営が下手なのは、社員が辞めないから

市場での競争にさらされる組織（つまり私企業）よりも、競争がない組織（例えば旧ソ連とか日本の公共セクター）の方が、商売は下手だ。

正確に言えば、私企業にも商売がうまい会社と下手な会社があるのだが、市場競争に揉まれて商売下手な会社は潰れてしまう。そして商売がうまい会社だけが生き残る。

一方で公共セクターは競争にさらされていないので、下手っぴでも潰れない。「水道みたいな、商売という考え方が向いていない仕事」をやるために、市役所や水道事業のような公共セクターがあるのだから、別にそれ自体は悪いことではない。

この「市場競争にさらされているからこそ、私企業は商売がうまい」という現象の相似形が、社員と会社の関係にもある。

社員が辞めやすい業界では、社員に良い労働環境を提供できない企業は衰退する。
社員が辞めない業界では、社員の労働環境に経営者が無関心でも業績に響かない。

ピンときますか?

説明を単純にするために、辞めやすい/辞めにくい、2つの業界についてもう少し考えていこう。

社員が辞めやすい業界の経営

社員が辞めやすい業界というのは、「労働力の需要>供給」という構図が常に成り立っているとか、「手に職」なので転職しやすい業界だ。ある会社独自の知識よりも、一般的な知識の方が役に立つ業界と言ってもよい。分かりやすい例は、ITエンジニアやコンサルタントだ。

こういう業界では、気に食わないことがあると社員はすぐに辞める。わたし自身も以前転職した。

この「下手な経営をすると社員がどんどん辞めてしまう」というのは、経営にとってかなりの制約になる。例えば普通に行われている業務命令による転勤も、こういう業界では基本的にはできない。本人が希望しない限り無理だ。なんなら「社員が○○に引っ越したいと言ってるから、そこに仕事を作る」というケースすらある。

もちろん、この流れで一番大切なのは、仕事のやりがいだ。古臭いテクノロジーを使って古臭いシステムのお守りをするような仕事ばかりのシステム会社は今でもあるが、そういう会社は技術的なチャレンジに興味のないエンジニアしか残らない。

コンサルティング会社だって同じだ。クライアントの出世のためだけの仕事とか、自社の売上は上がるけれどもクライアントのためにならない仕事は嫌だし、それが理由でウチの会社に転職してくる人は結構いる。

だから社員が辞めやすい業界の経営者は、社員が辞めない経営を強いられる。最近流行りのデジタル化だって、費用対効果があるからやるというよりも「いつまでもエクセルを加工するような仕事を社員にやらせていたら、優秀な人から辞めちゃう」という理由で推進することが、最近は増えてきた。

「社員に見限られないような経営をしなければ」というプレッシャーは、厳しい制約であるのと同時に、会社を強くする。市場競争にさらされている企業が商売上手になるのと同じように。

社員が辞めにくい業界

一方で社員が辞めにくい業界も、日本にはまだまだたくさんある。多くの製造大企業はいまでも新卒を採って育てて35年雇用する前提で経営しているし、実際に離職率は低い。そういう会社は基本的には社員にとっても良い会社で、辞めるメリットが少ない。

ただし「やりがい搾取業界」は、それとは少し違う。例えば保育士、教師、看護師、官僚などだ。当事者からは「いやいやこの業界、めちゃくちゃ人が辞めますよ」と反論があるかもしれない。でも社員が辞めやすい業界から見ると、「こんなにひどい扱いなのに、従業員がゼロにならないなんて、どうなってんですか?」という感じだ。

教師の多くはいやいや部活の顧問をさせられて土日が潰れても、無給だったりするらしい。それで辞めないなんて、どうなってんですか? 中央官僚は国会議員が質問の締め切りを守らないので、「自分の部署に関係する質問が来る〝かも〟」という理由で深夜まで残業している。しかも残業代は満額支払われない。それで辞めないなん……(以下略)。

ひどい扱いをされても人が辞めにくいのは、給与や労働時間以外の面でやりがいを感じているからだろう。仕事への責任感と言った方がいいかもしれない。教師であればどんなに学校がクソだと思っていても、生徒を導く喜びや責任感を感じているとか。官僚であれば国家を背負うやりがいかな？

でも「変な組織運営をしたら、大切な社員がどんどん辞めてしまう」というプレッシャーがないと、問題がいっこうに解消されない。働く人が抱く責任感に、経営が甘えきっているのだ。

本来コンピューターにやらせるような仕事を社員に（サービス残業状態で）やらせていても、なんとも思わないとか。まともな家庭生活をおくれないような労働時間を強いているのに、解決に向けて行動しないとか。

社員が仕事にやりがいや責任感を感じるのは、疑いもなく良いことだ。でもその副作用として、経営が甘えて組織が改善しない。市場競争というプレッシャーがなかった旧ソ連の共産主義がどんどん腐っていったのと同じだ。

社員が辞めないと、経営が下手なまま

社員が「クソみたいな仕事させやがったら、いつでも辞めるからな」という無言のプレ

ッシャーを経営者に与え続けることは、極めて良きことだ。

そういう圧力にさらされているケンブリッジの経営陣は、悩み、試行錯誤し、結果として「社員ファースト経営」を磨くことになった。この章で触れた「仕事を楽しむ社風を作る」は、その一つだ。一番分かりやすいから最初に説明しているだけで、ごく一部でしかない。

経営全体が「俺たち社員自身が働きがいを感じ、辞めたくならないようにするにはどうすべきか?」という方向で一貫している。

経営がクソだと呪いながらも、個人的な責任感だけで現場を支える姿は、美しく、尊い。だが一方で、呪っている構造を温存する力にもなっている。切ない。

03 仕事を選ぶ

NEVERプロジェクト

グローバル本社から日本法人だけスピンアウトした経緯について、この本の冒頭で少し触れました。株主も社長も替わって心機一転スタートし、全社員を集めて最初にやった会議で、真っ先に「どんなプロジェクトを手掛けるのか？」を議論したのを覚えています。そのときの資料を抜粋してみましょう。

プロジェクトの特徴をMUST／WANT／NEVERに分け、いろいろな切り口で書いています。再出発1回目の会議のテーマに取り上げたのですから、よほど切実だったのでしょう。特にNEVERのスライドは「決して受注しないと決めた仕事のリスト」です。

「チームではなく人手が求められている」「お客様が誠実ではない」「お客様自身、プロジェク

MUST

1. Team
    - ケンブリッジメンバーとしてチームが組めること
    - 個人ではなく、**team**として成否が問われる状態であること
2. One Team
    - ケンブリッジとお客様が**One Team**になれること
    - エンドユーザーやスポンサーと必要なときにコミュニケーション出来ない**PJ**は論外
3. For the Client
    - 最終ユーザーの成功とケンブリッジの成功が一致していること
    - ベンダーや**1**次請けの成功を優先すべき状況は**NG**
4. Base Methodology
    - **PJ**管理、ファシリテーション等、ワークスタイルに関わるメソドロジーを貫くことが出来ること
    - 例えば**FM**を作ること、は**Must**条件ではない
5. Passion
    - お客様が**PJ**の成功を欲していること
    - ケンブリッジメンバーが**PJ**に情熱を持って取り組めること
6. Contract
    - 契約がまっとうであること(例: 契約書の成果物、期限とお客様と合意した事が食い違っている)
    - 当該フェーズにおいては、**Fixed Time Fixed Price**であること

WANT

1. **1次請けであること**
    - **MUST**条件を満たしやすい
    - ケンブリッジの良さがダイレクトに伝わりやすい
    - 政治的な複雑さの排除
2. **ケンブリッジメソドロジーの全面適用**
    - PJ成功確率が高まる
3. **上流から下流までの一貫性**
    - PJ成功確率が高まる(**Scope**成果物を元に、他社は設計できない)
    - ケンブリッジメンバーのモチベーション
    - 顧客満足度、ユーザー満足度
4. **ファシリテーションが必要とされている**
    - ステークホルダーが多い、スピードが求められる等
    - ケンブリッジの良さが出やすい
5. **成果保証**
    - **PMO**等、**Must**ではない
    - が、「成果として実感していただける何か」はサービス業として必須
6. **チャレンジ**
    - 会社にとって、または個人にとってチャレンジがある

NEVER(というか、過去のNG要素)

1. Not for Cambridge系(**具体的なプロジェクト名・・・**)
    - **Teamではなく、人手が求められている**
    - **ケンブリッジのメソドロジーが求められていない**
    - **ユーザーとスポンサーが別(ユーザーは必ずしもやりたくない/カネが余っているからやる)**
2. High Risk系(**具体的なプロジェクト名・・・**)
    - **コンサルティングサービスとしては責任を負えないリスクが内包されている(パッケージ品質、ベンダーのサポート体制)**
3. Only Development系(**具体的なプロジェクト名・・・**)
    - **誰かが決めた要件に従って作る**
4. No integrity系(**具体的なプロジェクト名・・・**)
    - **お客様が(あまり)誠実ではない**
5. 下流のための下流PJ (**具体的なプロジェクト名・・・**)
    - **「会社として下流の仕事を出来る様にするために下流の仕事を取る」という理由で仕事を取るのはおかしい**
    - **そもそも下流の仕事自体はケンブリッジよりうまく出来る会社はあるはず**

トを必ずしもやりたくはないが、お金が余っているのでやっている」など、結構生々しいですね。いわば「いままでやってきたこんな仕事はもうやりたくない！」というコンサルタントたちの心の叫びです。

これを書いたわたし自身、かつては「社長にアピールするために、威勢のよいプレゼン資料を作ってくれ」といった、顧客企業の成長とは無関係な、出世競争の片棒を担ぐような仕事をしたこともありました。再出発以前は、不本意ながらこのNEVERのページに書かれているようなプロジェクトに、実際に参加していたわけです。

とはいえ、この手の方針は議論さえしたらすぐに達成できるわけではありません。特に、これを議論した1年後にリーマンショックと呼ばれる不況になったときはしんどかった。余裕をなくした企業が真っ先に切るのは、コンサルタントですから。再出発後のまだ営業基盤が脆弱だったわたし達にとって、大きな試練でした。MUST条件を議論したものの、理想通りの仕事を選べず、悔しい思いをしました。

仕事が欲しくてもNEVERの仕事に手を出さずにすむようになるまで、さらに2、3年かかりました。いまではこの資料に書かれたことは当たり前過ぎて、ほとんど話題にもなりません。

でも「売上のために依頼された仕事をすべて受けるのではなく、自らの意思を持って選ぶ」という精神は、組織に残りました。そしてNEVERプロジェクトは初心を忘れないために、ケンブリッジの Principle と呼ばれる経営方針書（6章「原理原則で経営する」で詳しく説明します）にも明記しています。

会社よりプロジェクト？

SEやコンサルタントは顧客のプロジェクトにどっぷりと入り込む仕事なので、同じ会社の社員でもプロジェクトが違えば、仕事の過酷さも、学べるスキルも、人間関係も全く変わってきます。それらの違いは、顧客の組織文化や自社のプロジェクトマネージャーのワークスタイルに起因するからです。

だからどのプロジェクトに参加するかが、重要な関心事になります。そして会社よりもプロジェクトや顧客に帰属意識を感じる社員も多くいます。例えばケンブリッジ転職前にわたしはSEでしたが、自分の会社に愛想をつかした後も、顧客から「この仕事まではやり遂げて欲しい」と言われていたので、半年以上退職を遅らせた経験があります。

つまり会社への帰属意識を持ちにくいが、「このプロジェクトを成功させたい」や「このお客さんのために」というプロフェッショナル意識に支えられた職業と言ってもよいでしょう。

こうした事情により、会社がどんなにきれいごとを言ったとしても、いま自分が配属されているプロジェクトにやりがいがなければ社員は簡単に転職してしまいます。NEVERプロジェクトについての議論資料を書いた時点で、わたし自身はたまたま素晴らしいお客さんたちと仕事をしていたので辞めませんでした。でも隣でやっていた「お金が余っているからやっているだけのプロジェクト」に配属されていたら、辞めていたと思います。

だからわたし達は**案件**（お客さんから参加を依頼されるプロジェクト）**を選ぶことに全力を注いでいます。**少しでもわたし達に合った、やりたい仕事に携われるように。もっと言えば、長くお付き合いをするお客さんも厳選します。そうしなければ、社員が辞めてしまうからです。

コンサルティング会社ほど極端ではないので、日本の普通の企業では「やりがいのある仕事を与えなければ、優秀な社員ほど辞めてしまう」ということに鈍感なのではないでしょうか。でも現在40歳以下の優秀な社員は、その気になれば転職が容易なことも、転職すれば給与はもちろん、仕事のやりがいもずっと高くなる（ことがありうる）ことも、よく知っています。対岸の火事と思っていられる時代はもう終わりです。

※この「日本の普通の会社でも、やりがいを軽視すると優秀な社員が定着しない」という話はAppendix①で筆者の経験を交えながら詳しく説明しています。

案件を選ぶ基準

NEVERプロジェクトを受注しないだけでなく、より理想的な案件に社員を参加させるため、数あるお仕事の依頼の中から参加するプロジェクトを選んでいます。もちろんわたし達はお客さんから選ばれる立場でもあるので、相思相愛でなければプロジェクトは始まりません。
その際の選定基準も明確に決めています。これも経営方針書から抜粋しましょう。

【顧客軸】
- ケンブリッジの価値をより理解してくれる顧客
- 前向きで志がある顧客
- お付き合いを通じてケンブリッジ社員が学べる顧客

【関わり方軸】
- ケンブリッジが十分な影響力を発揮できる関係
- End to End で関われる案件
- 直接契約の案件
- 会社ぐるみで深いお付き合いができる案件

【仕事のタイプ】
- 社員がワクワクする仕事
- 顧客にとって本当にインパクトのある重要なプロジェクト
- 会社と社員の成長・チャレンジがある仕事

いろいろと並べていますが、要は「尊敬できるお客さんと、ワクワクするチャレンジに挑むことで、お客さんもわたし達も学んでいこう」という感じです。

これ、当たり前に思えますか？

そう、当たり前のことです。でもこれをクソ真面目に追求しているコンサルティング会社って、わたしの知る限りないんですよ。大事なのは、Webサイトかなんかに掲げているだけではなく、本当にこれを基準に仕事の取捨選択をしているか。

例えば大手コンサルティング会社だと、「年間売上〇〇億円以上が見込める顧客を選定してあり、基本的にはそことしかお付き合いしない」「コンサルタントを数十人単位で送り込める案件しか受注しない」みたいな方針になっている会社があります。

以前、他のコンサルティング会社の人々と話していたところ……。わたしが「ウチはお客さんのことを好きかとか、面白そうなチャレンジか、みたいな基準で仕事を選んじゃいますね……。オタクはどんな感じですか？」と問いかけたら、「うーん……。お金を持っているかどうかです」と返ってきました。なんというか、そこまで言われると逆に清々しいですね！

他社がどういう基準を持っていても構わないのですが、ヨソはヨソ、ウチはウチ。わたし達は社員ファーストで仕事を選んでいます。

案件を選ぶ傲慢さとお客様にとっての意味

さて、「お客様や案件を選ぶ」と書くと、とても傲慢に聞こえるかと思います。たしかにそういう要素もあると思います。でも実際には、大量生産、大量販売のビジネスと違って、需要があるからといって無限に売るわけにはいかない商売なので、どうしても選択は発生します。

そして、お付き合いするお客様や参加する案件を選ぶことは、結局はお客様のためでもあるのです。例えばわたし達の「ケンブリッジの価値をより理解してくれるお客様を選びたい」という選択基準について考えてみましょう。

万一わたし達を「経営陣にウケるプロジェクト計画書を、パワーポイントできれいに書いてくれる人」とか「特定の業務に精通している先生」と勘違いしたお客様から仕事をいただいても、失望させてしまいます。そういう仕事が得意ではないし、目指してもいないので。

それよりは、「変革プロジェクトを成功させるために、顧客組織のカルチャーまで変えていくような同志」と理解してくれるお客様と仕事する方が大きな価値を提供できるし、結果としてプロジェクトは成功します。

わたし達が大喜びで仕事ができるお客様、わたし達から最大の価値を引き出してくださるお客様とお付き合いするのが、結局はお客様のためでもあるのです。

白川のつぶやき

仕事を好き嫌いで選ぶメリット

一般的にサービス業では「仕事なのだから、会社に売上や利益をもたらす（大きな）仕事を選択すべきだ」「依頼をされたらなるべく拒まずに受けるべきだ」などと言われている。

一方でわたし達は先に書いたように、「ワクワクするチャレンジか？」などの基準、つまり好き嫌いで仕事を選んでいる。

以前はこういうやりかたを「本来すべきではない、会社に対するわがまま」と、ネガティブに捉えていた。だが10年ほどしてようやく、実はこのわがままが長期的には会社にメリットをもたらしていることに気づいた。

どういうことだろうか？

わたし達がワクワクする案件とは、これまで自社でやったことがないチャレンジのことだ。世の中にもほとんど事例がない、というケースももちろんある。

こういう案件は得てして潤沢な予算が割り振られていないので、コンサルティング会社に支払える額も小さい。だから手間ばかりかかって、まったく儲からない。でもワクワクするから優先的に手掛ける。

こういう案件で得られる報酬はコンサルティングフィーではなく、経験だ。試行錯誤し

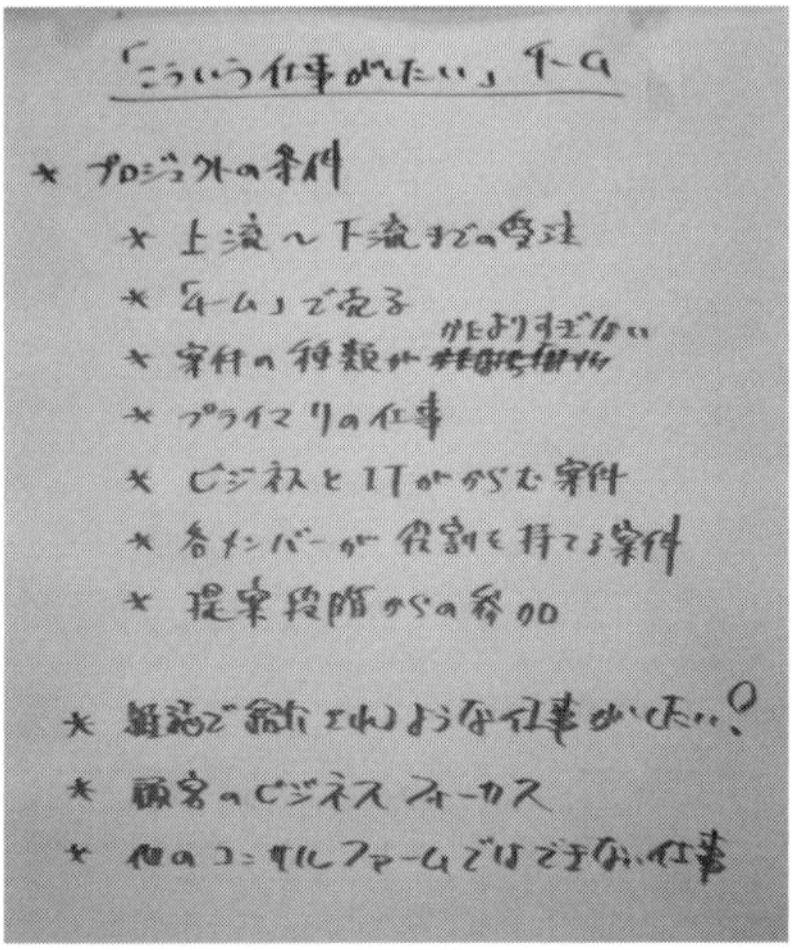

年1回程度、どんな仕事をしたいか議論します

てつかんだコツはナレッジとして社内に蓄積し、次のプロジェクトですぐに活用できるようにしておく。

つまり新しい方法論が1つできたことを意味する。わたし達はそれを「組織能力の向上」と呼んでいる。

今では当たり前に提供しているサービスでも、10年前にチャレンジ案件として儲け度外視でやらせてもらった経験が土台になっているケースはたくさんある。

「ワクワクするか?」で仕事を選ぶのは、短期的には売上が減るので不合理だが、長期的には有効な戦略なのだ。

相性を見極める場を作る

ここまで「仕事を選ぶ」と簡単に書いてきましたが、実際にお客様とわたし達の相性を見極めるのは簡単ではありません。選択基準を決めれば済む話ではないのです。そこで、わたし達は契約を結ぶ前に双方が「変革プロジェクトという困難な道を、この人達と歩むのだ」と確信できるようなプロセスを大切にしています。

相談に来てくれたお客様が「この仕事を頼めるのはケンブリッジさんしかいないんです！」と前のめりのこともありますが、そんなときでも「まあまあ、まずはお話ししましょう」と、どんなプロジェクトにするかをじっくり話す機会を設けます。

このとき、わたし達は先ほど書いたように「社員がワクワクする仕事なのか？」「目の前のお客さんたちは、本当にこのプロジェクトをなんとしてでも成功させたいと考えていらっしゃるのか？」などを見させてもらっています。

一方でこういった契約前の議論の場は、お客様が我々を見極める場でもあります。わたし達は「どんな案件でも受注したい！」と思っていませんので、万一相性が良くないときは、お客様の方で「これは違うな」と気づけるような機会を提供するようにしています。

具体的には、この議論の場をプロジェクトの疑似体験の場にすることです。「プロジェクトが始まったら、こんな感じに課題をヒアリングしたり、こちらから議論のたたき台を示します」「決定事項はこのくらいラフにまとめます。プロジェクトが進むことに意味があるので、きれいすぎる資料を期待しないでください」「ずっとしかめっ面で話すのではなく、和気あいあいとやります」といった具合で。

なぜなら、相性やワークスタイルは言葉だけでは伝わらないからです。少しでもいいから一緒に働いてみて「なるほど、こうやってプロジェクトがグイグイ進むのか……」と好意的に感じるのか、「ちょっと期待していたのと違うかな……」と思うのか。それをお客様にゆだねます。

体感してもらうことに加えて大事にしているのは「ケンブリッジがやらないこと」「お客様の方でしっかりやっていただくべきこと」なども洗いざらい伝えることです。コンサルタントがいくら一生懸命になっても、当のお客様たちがやらなければいけないことは絶対に残ります（会社を左右する最後の意思決定だったり、他の社員への説明だったり）。こういうことをコンサルタントに丸投げして、失敗するプロジェクトにはしたくないのです。

選ぶ立場であり続けるために

この章はずっと顧客や仕事を選ぶ話をしています。ですが「食っていくだけの仕事を確保するだけで精一杯。仕事を選ぶ贅沢なんてウチにはないよ」という会社も多いと思います。気持ちは分かります。この章の冒頭で書いたように、わたし達もグローバルからの独立直後はそういう状態でしたから。

でも、「余裕ができたら仕事を選ぼう」と言っていては、いつまでたっても余裕は生まれません。わたし達が独立直後、カツカツだったにもかかわらず真っ先に「仕事を選ぶ基準」を決め

○仕事を選ぶと依頼が増える

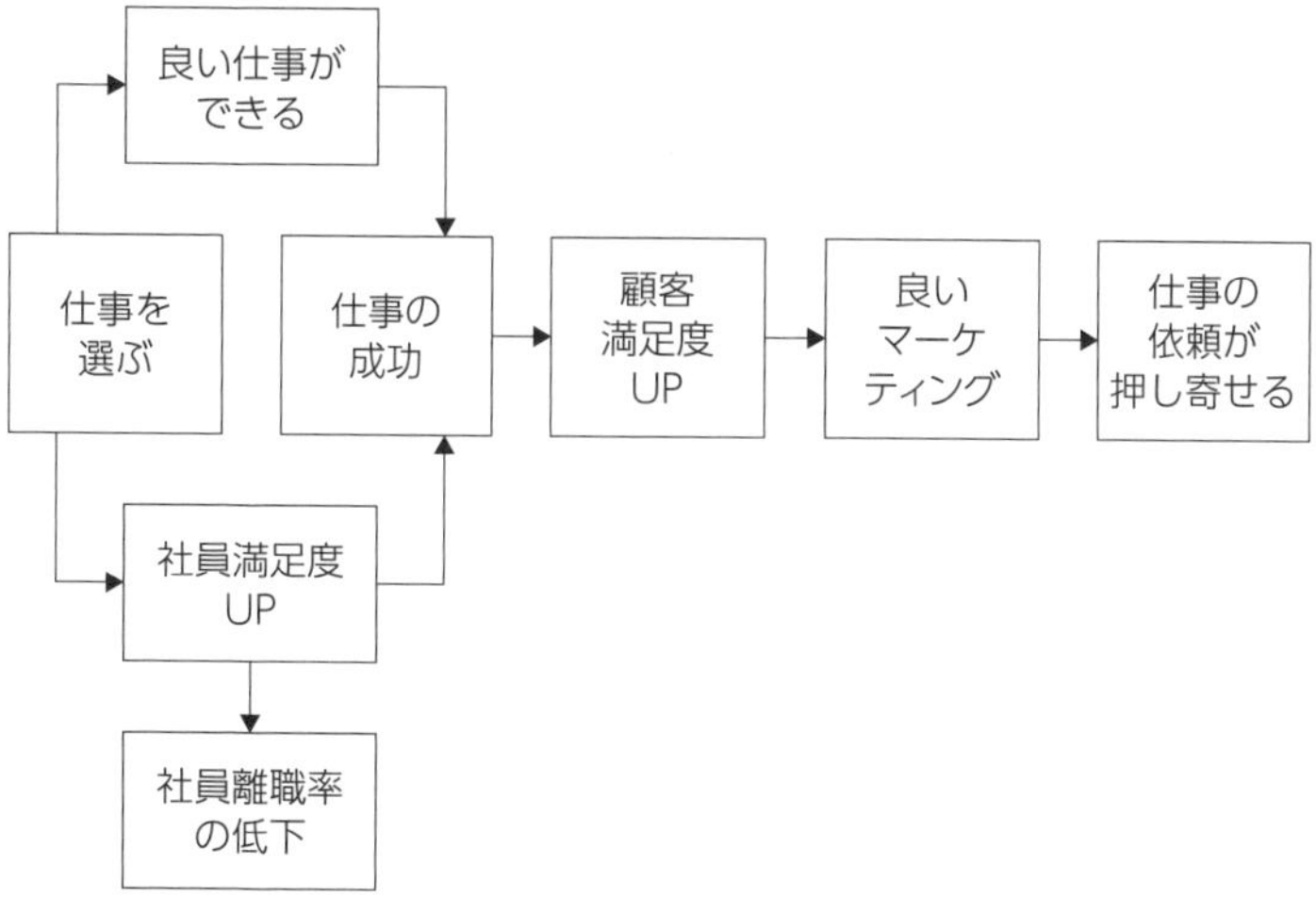

たことを思い出してください。

実は「余裕があるから、仕事を選べる」という理屈ではなく、「仕事を選ぶから、余裕ができる」という話なのです。ちょっと分かりにくいので図で説明しましょう。

仕事を選ぶと仕事の質が上がるし、社員や顧客の満足度も上がる。そうすれば仕事がうまくいくので結果として評判が高まり、仕事の依頼が増えます。実際にわたし達のところには、対応できるボリューム（ほぼ社員数で決まっています）の数倍の依頼をいただいており、お待ちいただいたり、お断りせざるをえない状況です。

ここまでは、この章で語ってきたことの繰り返しです。しかしこの図には、右から左に逆流する矢印（フィードバック）も存在して

○仕事を選ぶサイクル（フィードバック）

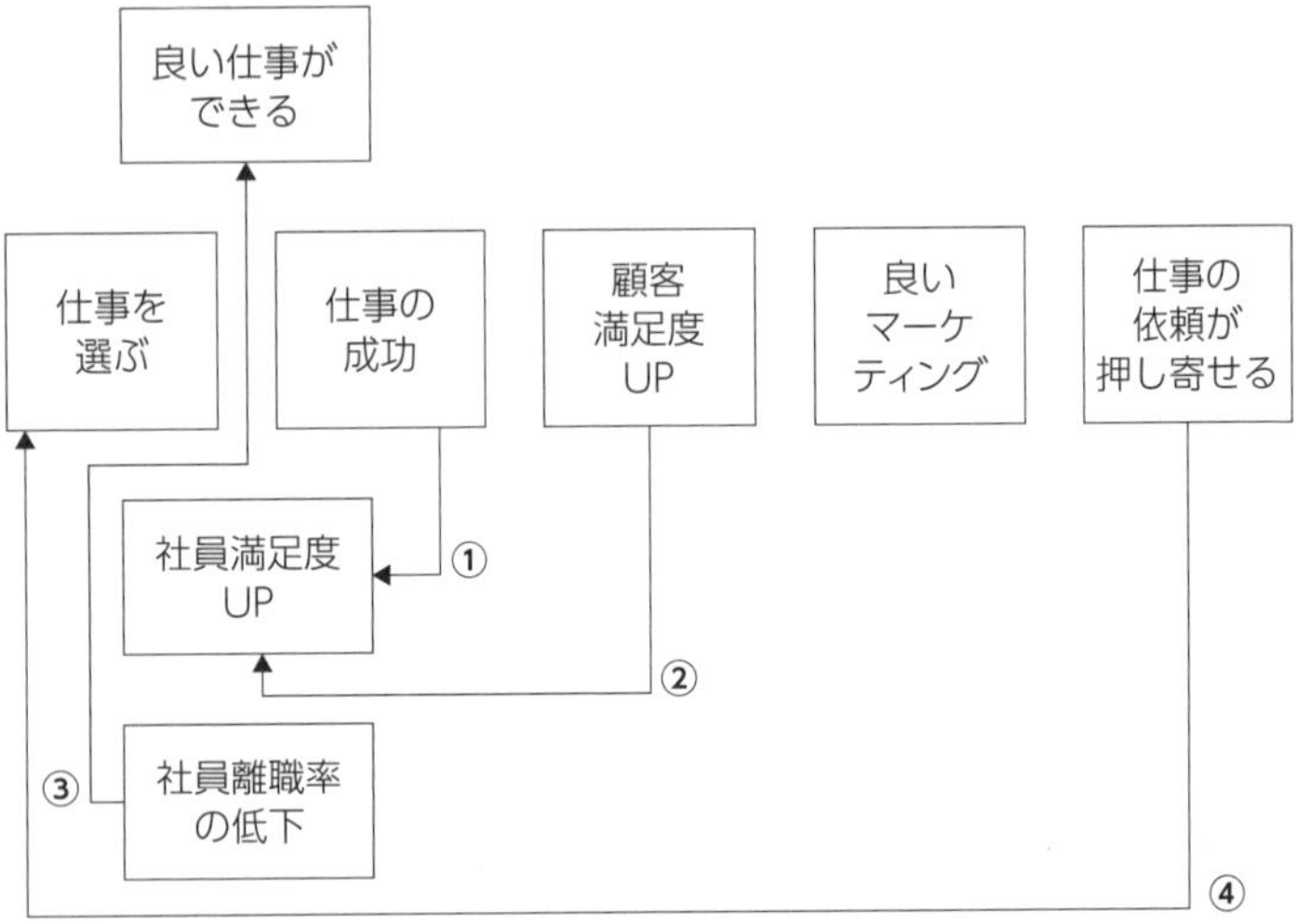

います。

上の図では4つの逆流を書き込んでみました。

まず①。仕事が成功すれば社員も達成感が味わえるので、社員の満足度は当然あがります。次に②。仕事が成功してお客様が喜んでくれたら、お客様のために頑張ってきた社員も当然嬉しいし、これがまた達成感、満足感に繋がります。

次に③。前に説明したようにコンサルタントはいつでも辞められる職業なので、何も手を打たなければ社員は辞めていきます。しかし社員満足度が上がれば、離職率は下がります。そして離職率が低ければ、ノウハウも社内に貯まりやすく、後輩を育成できますから、良いサービスを提供できます。

最後に④。このように好循環が生まれ、仕事の依頼が押し寄せるようになれば、さらに自分たちに合った仕事を選べるようになります。

最初の図と2枚目のフィードバックの図。この2枚の図を重ね合わせると、矢印がぐるぐるループしているのが分かると思います。これを回すことが大切です。

つまり「仕事を選ぶからこそ、仕事を選ぶ余裕ができる。するともっと選べるようになる」という理屈です。ループ構造なので、どこかでこの好循環に入り込む必要があります。いきなり高すぎる基準で選択していては仕事がなくなって潰れてしまいますし、一切選ばなければ、いつまでたっても現状から飛躍できません。まずは理想を掲げ、選ぶ基準を少しずつ少しずつ上げていくしかない。

もう一つ、この図で注目して欲しいことがあります。顧客満足度に比べて軽視されがちな社員満足度が、フィードバックループを作る上でカギとなっている点です。社員ファースト経営が決定的に重要なのはこのためです。

コンサルティング業界に限らない

この章では、仕事を選ぶことの大切さを、わたし達のなりわいであるコンサルティングを例にして説明してきました。しかしコンサルティング以外の業界でも、仕事を選ぶことの重要性を示すエピソードはたくさんあります。

少し古い話では、ヤマト運輸が宅急便事業を始めるにあたり、それまで売上の大きな割合を占めていたお中元、お歳暮の配達請負をやめることにしたケースがそれにあたるでしょう。

これらは経営の柱だったのですが、手間もかかる上に繁忙の波が激しく、利益が出にくいビジネスだったのです（シーズンオフには人手やトラックが遊んでしまうから）。当然大口顧客と縁を切ることについては社内でも反対や懸念はあったそうですが、宅急便ビジネスに業界転換するのだ、という経営の強い意志を貫いたのです（小倉昌男『経営学』〔日経ＢＰ〕より）。

このように、経営判断として大口顧客を切るドラスティックなケースだけでなく、製造業やＢ２Ｃでも「それとなく顧客を選別する」動きは広がっているようです。例えばアフターフォローに手間がかかりすぎて顧客別利益率が低い顧客（厄介な客）への対応優先度を徐々に下げていき、顧客の側から愛想をつかしてもらう方法です。

意図的ではなく、結果的に顧客を選別してしまうケースもあります。例えば原料費上昇などの理由でやむを得ず価格を上げたところ、客質が良くなり人件費を削減できた、という話を小売や飲食などの業界で耳にします。小売や飲食も社員のモチベーションが大切なサービス業ですから、嫌な客がいなくなるのは社員ファーストの観点からも歓迎すべきことです。

振込手数料やＡＴＭ利用料がタダであることをウリにしてきた金融機関が、「口座残高などを基準に決めたゴールド顧客のみ無料」に転換したり、長い間利用されていない口座から口座維持費を徴収するケースなども、これに該当するでしょう。

バブルのころは「行員の知人に頼み込んででも、とにかく形だけでも口座を開設してもらう」みたいなことを、すべての金融機関がやっていました。今は利益をもたらす口座と、もたらさない口座をシビアに見極め、儲からない口座は負の遺産として縁を切る動きが加速しています。

こう考えていくと「とにかく多くの顧客と付き合うべきだ。最初は損してでも付き合いを始めてもらう。顧客を選ぶなんてとんでもない」という価値観は、シェア至上主義のなごりなのでしょう。

あなたの会社でやるには？

「お客様を選ぶなんてとんでもない！」という価値観に現時点で経済合理性がなかったとしても、これほど長く続いた慣習を改めるのは容易ではありません。特に日本企業の社員は真面目なので、常に忙しくしていないと不安になります。だから仕事は取れるだけ取る姿勢がしみついていることでしょう。

仕事を選べる会社になるためのコツを整理しておきましょう。

コツ❶ まず方針として決めてしまう

わたし達ケンブリッジのケースを紹介したように、まずは「こういう仕事はやらない」「こういう仕事こそがいい仕事」と決めることから始めましょう。実現できるかを考えるより前に。仕事を選ぶこと自体が多くの社員の直感に反するから、それだけでも一苦労だと思います。

日本企業は一般的に、中期経営計画などで「やること」を表明するのは得意です。一方で「やらないこと」を示すのは下手。というよりも「やらないこと」を明確にすることの重要性を理解していないかのようです。でも有限資源の配分こそが経営ですから、やらないことを決めるのは、やることを決める以上に大事な意思決定です。仕事の選択はその最たるものです。

決め方はヤマト運輸のように強いリーダーによるトップダウンがもっとも簡単です。一方でわたし達は大事なことは関係者全員で議論する集団だったので、「こんな仕事はもうやめよう」と語り合いました。でもファシリテーション能力が高くない組織ではかなり苦労するでしょう（そういった経営方針の議論については5章「ファシリテーションで経営する」で詳しく説明します）。

コツ❷ まずは自分の部署で成果を

あなたが創業社長でもない限り、全社の方針をいきなり決めるのはかなり難しい。だとしたら、自分の部署から始めるのが得策です。例えば横浜営業所の所長さんなら、まずは横浜エリア内だけでもその方針で動いてしまう。

この章に書いた「ワクワクする仕事を（売上額が小さくても）優先しよう！」みたいな方針も、最初は誰にも相談せずに、わたしが担当する範囲内で勝手にやっていたことです。自分の権限がおよばない人々にこの手の方針を説得するのは、それほどまでに困難なのです。分からんヤツには何度言っても分からんのですよ。

ですがビジネスは成果を出したもん勝ちなので、仕事を選ぶことで売上または利益が目に見えて良くなれば、周りへの影響力も獲得できます。

コツ❸ 社外へ明言する

当のお客様を含む社外に「仕事を選ぶ会社です」と明言するのが次のステップです。これもかなりのハードルの高さです。ケンブリッジでも社外に明言するまでにはひと悶着ありました。「考え方は分かったけど、この方針を見たお客様がどう思います？」と猛反対を受けたのです。

でも当時の社長の鈴木が「確かに誤解されるお客様もいるかもしれない。でもネガティブなことを言われたら、わたし達のこの考えを切々と訴えるチャンスと考えませんか」と言ってくれました。

なぜ誤解されるリスクをおかしてまで明言が大事か。明言すれば、共感してくださるお客様が集まるからです。そうすれば、もともとの狙いである「わたし達と志を同じくするお客様と一緒に働きたい」に一歩近づきますよね。

コツ❹ 現場でチェック

このような、これまでの習慣と逆の方針を決めたとしても、組織の惰性は強く、なかなか現場での行動が改まるものではありません。したがって方針が浸透し、実際に行動が改まるまでは、「方針の通りになっているか？」を現場でチェックし続ける必要があります。

また、人事評価に使われる目標管理制度（ＭＢＯ）が、「かつてヨシとされていた行動」を後押ししていることもあります。「この仕事を受注するのが会社のためか微妙だが、個人目標を達成するためには売らないと」というジレンマです。

これらを一つ一つ取り除いていく地道なアクションが必要となります。

いずれにせよ、会社としての姿勢が明確でない限り、社員の側には「仕事をたくさん取って褒められたい、安心したい」という気持ちがあり、何も変わらないことでしょう。経営がやらない仕事を明言し、社員一人一人にも仕事を選ぶマインドを持ってもらうこと。それしかありません。

04 きれいごとを貫く

会議の冒頭や飲み会のときなどに、お客様に「自分の会社のどんなところが好きですか？」とよく聞きます。お客様の会社やその方個人についての意外な一面を発見できるので、お気に入りの Icebreaker です。

順番が回ってきて自分で話すのは、「書類仕事が嫌いな自分でも許されている」とか、「働く場所も時間も自由」といったこと。でも本音を言えば「**きれいごとの追求がビジネスに直結しているのがCoolだと思う**」がわたしの答えです（飲み会で話すにはめんどくさい話なので、別のことで誤魔化すのです……）。

多くの会社で「きれいごととしてはその通りだけど、ビジネスの現実は厳しいからね」などと言ってスルーしていることを馬鹿正直に追求する。儲かっているから慈善事業としてそれをやるのではなく、きれいごとの追求が回り回ってビジネスでの成功（長期的に利益を上げること）につながっている、という意味です。「きれいごとを追求しているからこそ、儲かっている」というか。

この章ではその実態と理屈についてお話ししましょう。

売上目標を追わない

企業で働くほぼすべての人は何らかの数字を追いかけていると言っていいでしょう（または数字に追われている?）。製造部門であれば原価。営業はもちろん売上。デジタル化しつつあるマーケティングもページビューやフォロワー数、ダウンロード数など、さまざまな数字をチェックし、数字を上げるために日々努力を重ねています。人事のような間接部門でも、採用説明会への参加者数や内定受諾率は気にしているでしょう。

実は社員自身もあまり気づいていないのですが、ケンブリッジの際立った特徴として、**社員が数字、とりわけ売上に無関心**、ということが挙げられます。もちろん株式会社ですから株主へ毎年配当する必要はあり、売上、利益の予定も実績も報告しています。なにより適切な売上がなければ自分たちの給料も確保できません。ですが全社で売上に関わっているのは一部の社員。他の社員は日々の仕事を通じて売上利益はほとんど気にしていません。

かわりに社員の頭を占めているのは、お客様とやっているプロジェクトのこと。何をしたら顧客企業がもっと良くなるのか？　プロジェクトを成功させるために何を優先させるべきか？　そのために明日の打ち合わせでは何を合意すればよいのか？　そんな話です。

もちろんお客様とプロジェクトを始める際には提案活動はするので、その際は費用（わたし達から見れば売上）の金額を議論します。ですが提案において金額なんかよりも圧倒的に大事なのは「プロジェクトを成功させるために、支援内容は適切か？」「お約束した仕事をやりきれるチームを組成できるか？」「お客様と良い協力関係を築けるか？」みたいな、プロジェクトの中身の話。

提案活動はプロジェクトを立ち上げたり継続するための手段であって、本当はその辺は早々に切り上げて、中身に注力したいとほとんどの社員が考えています。

これは他のコンサルティング会社との際立った違いです。多くのコンサルティング会社ではマネージャーまで出世すると年間の売上目標が設定され、その達成度合いが人事評価の中心になります。自然とマインドも、コンサルタントから営業にシフトしていきます。それがある意味でガツガツとした活気のあるカルチャーのベースとなったり、数字という分かりやすい評価基準を好む社員もいて、良い面もあります。

一方でコンサルタントが自社の売上を過度に気にする弊害も指摘されています。例えば、コンサルタントが多数張り付かなければ変革できない企業体質に徐々に誘導してしまうケースがあります。顧客が依存体質になってしまえば、ずーっと発注してもらえるのでコンサルティング会社にとってはいいことずくめ。でも顧客を利益が出る体質にするのがコンサルタントの使命、という観点から見ると良い行いとは言えないでしょう。

もっと直接的に良くないこともあります。顧客の誤ったプロジェクトに加担し、傷を深めてしまうことです。例えば2022年時点では「DX（デジタルトランスフォーメーション）」が流行り言葉になっています。こういうときは「わが社もDXをやる必要があるんです！」と鼻息の荒い相談がどこのコンサルティング会社にも寄せられます。

とはいえ顧客の状況をきちんとヒアリングしてみると、

- 顧客の言う「DX」が何を指しているのか不明確で、このままだとゴールのないマラソンが始まってしまう状況
- 基本的なことができておらず、華々しいDXよりも地味だが効果のある施策を優先すべき状況
- DXが前提としている新技術があてにならない、またはその会社には必要ではない

といった、DXをおすすめすべきではないケースも多いのです。

以前、他の大手コンサルティング会社に勤める友人と飲んだ際、彼は「DXやるぜ！と社内外にぶちあげたい顧客と、それに乗っかり売上を上げたいコンサルタントの両者が共犯関係になって、効果を出さない〝コンサルやり散らかしプロジェクト〟が増えていくんだよな……」としみじみ語っていました。

このようなことが起きるのは、コンサルタントに売上ノルマを背負わせるからです。「顧客企業の成長や成功」と「顧客企業の財布からお金を引き出す」という、かなり気をつけなければ

矛盾してしまう目標を、同時に追わせるのが無茶なのです。

わたし達ケンブリッジで、社員一人一人に売上目標を課していないのはこれが理由です。短期の売上を追わせるのをやめて、とりあえず「目の前のお客様のことだけを考えればいい」というシンプルな状況にしておく。

すると当然、短期的な売上は減ることもあります。「ケンブリッジに任せるより、ご自分たちでやってみてはいかがですか？　若手をプロジェクトに入れてくれれば教えますよ」などとしょっちゅう言いますから。

でもそうやってプロジェクトを進めた結果、プロジェクトが成功して顧客満足度が上がれば、長期的に売上は上がるだろう、という楽観主義で会社をやっています。今のところなんとかなっているので、当分はこの考え方は変えないことでしょう。

白川のつぶやき

お雇い外国人に依存しなかった住友財閥

先日聞いたポッドキャスト（インターネットラジオのようなもの）で財閥の歴史が語られていたのだが、その一環で住友財閥について面白いエピソードが紹介されていた。

「明治初期の住友鉱山が〝お雇い外国人〟を破格の待遇で雇い、西洋の進んだ鉱業技術を導入した。契約期間が終わる際に、その外国人からは契約継続の打診があった。ノウハウの実践と定着のためにもう少し時間が必要、という理由だった。だが住友財閥はそれを断り、以降は彼から学んだことをベースに日本人だけでノウハウを磨いていった」

というもの。当時のお雇い外国人は給料がべらぼうに高かったらしいし、彼らにずるずると依存するのは長期的にマイナスだと判断したのだろう。

これを聞いていて、わたし達コンサルタントと住友生命さんとのお付き合いを思い出した。生命保険の営業職員が使う携帯端末を更新する、大きくて重要なプロジェクトの立ち上げをわたし達ケンブリッジが支援したときのことだ。

携帯端末をテコに営業職員さんたちの働き方をどのように変えるのか？　どのような顧客体験が望ましいのか？　どうしたら保険の良さを理解してもらうための武器にできるのか？

こういった議論を重ね、これから成し遂げるべきゴールや端末のコンセプトを明確にしていった。良いプロジェクトになる手応えも得ていた。だがわたし達はお雇い外国人と同様、最初の半年だけで契約打ち切りになってしまった。

難易度が高いプロジェクトなのでその後のフェーズでも貢献できることは多く、わたし達としてはもっと長く支援すべきだと思っていた。エキサイティングなプロジェクトだったので、個人としてももっと関わりたかった。

だが「もうプロジェクトについては十分ケンブリッジから学んだだろう。あとはそれをベースに社員だけで完遂しなさい」という住友生命上層部からの指示があり、わたし達は外れることとなった。

その後2年の苦闘の後、住友生命の方々はプロジェクトを大成功に導いた。通常はわたし達の方法論をあれほど早く身につけることはできないが、住友生命のプロジェクトメンバーはエース揃い。実際にわたし達の方法論を完璧に使いこなしていたのだから、途中でわたし達を切ったのは正しい決断だったと思う。


100年以上の時が離れているが、この2つのエピソードはすごいシンクロ率である。企業にDNAレベルで根付いている価値観なのかもしれない。

今や多くの企業でコンサルタントを使っているけれども、「コンサルタントがいなければ、新しいことは何もできない」という会社も見かけるようになった。

わたしのようなコンサルタントが言うのはおかしいのだが、コンサルタントに依存する企業は不健全である。外部のノウハウを取り込んだり、本当に大事な局面で支援を受けるのはよいが、「それなしでは何もできない」は明らかに依存症だ。

コンサルタントからノウハウを教わり、依存せずに変革を実行できるように組織が成長するための時間は企業やプロジェクトによりけりだが、どの会社もいずれ独り立ちすべきだ。

だが実際には本文でも書いたように、顧客を積極的に依存症に導くコンサルティング会社は多い。その方が手っ取り早く売上が上がるからだ。もしかしたら明治のお雇い外国人も同じことを考えていたのかもしれない。

だがわたし達は顧客に自立を促していきたい。そのためにノウハウを惜しみなく教える。わたし達が教えたことを自社に合うように改変したり、独自に発展させても構わない。実際に住友生命の方々はそうしていたが、それを聞いたわたし達コンサルタントはむしろ大喜びした。

こんなお人好しのことを続けていると、顧客企業がコンサルタントいらずになり、そのうち仕事がなくなるのかもしれない。

だがまだまだ世界は広く、僕らは小さい。

※このプロジェクトは住友生命の方々とケンブリッジの榊巻が書いた『ファシリテーション型業務改革』（日経BP）という本で詳しく紹介されている。

回り回ってビジネスへ

住友生命さんとのプロジェクトを例に説明したように、「お客様とのプロジェクトにおいて自社の売上よりもプロジェクト全体の成功や顧客メンバーの成長を優先する」という話は、わたし達の本業に関わるので、きれいごとの追求のなかでも一番重要です。

一方で本業以外でもいたるところできれいごとの追求は見られます。例えばマーケティング。わたし達は本やセミナーで自分たちの方法論をなるべく分かりやすく教えることに、かなりの時間を費やしています。

例えば、10回シリーズで「営業改革の実態」だの「基幹システム構築のドロドロから学ぶ」といったテーマについて、オンラインで学べるセミナーを開催しています。手前味噌ですがこのセミナーシリーズは、今までわたしが参加したどの会社のセミナーよりも宣伝色が薄く、素直にノウハウを教える内容になっています。

これは「ノウハウをオープンにする」という経営方針の実践で、別にわたし達の顧客にならなかったとしても、わたし達のノウハウを使って成功する変革プロジェクトが一つでも増えればいいじゃないか、という精神でやっています。本来メシのタネともいえるノウハウを無料で教えているのですから、まさにきれいごとの追求といってよいかと思います。

きれいごとを追求しているもう一つの例は採用です。わたし達は「すべての局面を通じて、同僚と同じように採用候補者とお付き合いをする」という考え方で採用活動をしています。

それにもとづき、例えば会社の情報はすべて開示しています。仕事のしんどいところやまだまだ理想どおりではないところなどもすべて。採用候補者に会社の良いところばかりを見せるのではなく、すべて見せた上で本人に入社を判断してもらいたいのです。さらには面接でNGだった候補者のキャリア相談に何時間も乗ったり、損得を超えたお付き合いをするケースも多いようです（採用については11章「最高の社員を集める」で詳しく説明します）。

つまり、コンサルティングでもマーケティングでも採用活動でも、会社のすべての活動できれいごとを追求しています。もともと「その方がいいよね」という素朴な感情からやり始めたのですが、それぞれ数年やっていると、回り回ってメリットを生んでいることが見えてきました。

まずコンサルティングの場合。わたし達がお客様とのプロジェクトの成功をまっすぐに考えていることは、当然お客様に伝わります。そうするとわたし達のアドバイスを素直に聞いてくれるようになるし、お客様自身のモチベーションもアップしますから、プロジェクトは成功します。

プロジェクトさえ成功すれば、他社に紹介いただいたり、成功事例としてセミナーや本で紹介させていただけたりと、わたし達の別の仕事がうまくいくようにお客様は骨を折ってくれます。例えば先ほどの住友生命さんも、何度もセミナーに登壇していただきましたし、最終的には一緒に本を書いてくださいました。

マーケティングだってそうです。わたし達が惜しみなくノウハウを伝えているうちに、熱心なファンも増えました。そういう方々は口コミで新たなセミナー参加者や読者を連れてきてくださいます。そういう方がたくさんいると、中には「3年前にセミナーを受講してから、ずいぶん勉強させてもらいました。でも今回の変革プロジェクトには社運がかかっているので、今度こそケンブリッジさんとご一緒できないかと思っているんですよ」という方も現れます。

採用も同じ。特に新卒の就職活動では口コミが盛んなので、「あの会社のインターンはめちゃくちゃ勉強になるから、最優先で行くべし」みたいな情報が回りやすいのです。近年は有名企業に並んで「学生が本当に行ってよかったINTERN SHIP」というランキングにも載るようになりました（ちなみに〝メンターのコミット部門〟の1位に選んでもらったそうです）。

きれいごとを追求しているうちに、このような「回り回ってビジネス上もメリットがある」という状況をいくつも目にするようになりました。そして今では確信するようになったのです。

きれいごとの追求は元がとれる。短期的に損するように見えても、中長期的には効果的であり、何らかのメリットとなって返ってくる。そしてそのメリットは、他社には真似のできない（真似しようとは思わない）強力な競争優位の源泉となる。つまり世の中そんなに捨てたもんじゃない。

「他社には真似のできない（真似しようとは思わない）強力な競争優位の源泉」という部分に

は補足が必要でしょう。そもそも「きれいごと」という言葉には、「きれいごとばかり言ってんじゃねーよ！」という言い方に代表されるように、「確かにその通りだけれども、そんなのを馬鹿正直にやっていたら会社が潰れちゃうからスルーしよう」というニュアンスが含まれています。

つまり合理的に経営している会社はきれいごとなんて追求しないのです。（短期的に）損するから。このような「不合理だから他社はそもそも目指さないこと」こそが、差別化の核であり、競争優位の源泉となりうるのです（このあたりの理屈については、楠木建氏の『ストーリーとしての競争戦略』［東洋経済新報社］に詳しく書いてあります）。

曲がったことを許さない社会になっている

ケンブリッジは全社的に、そしてかなり意図的にきれいごとを追求している会社ですが、そもそも社会全体がそういう方向へシフトしつつある感覚があります。

どの業界にも「きれいごとは分かるけど、やめられないよね、ビジネスは厳しいから」という商慣習はあると思います。でも実際にはこの20年くらいで、どんどん減ってはいます。理由は2つあります。

1つはインターネットが発達して社会が透明化し、会社内、業界内だけでマズいことを隠蔽しておくことが極めて難しくなったことです。数年前にもある大企業で、育休をとった男性社員への嫌がらせがあったとインターネットに書き込みがあり、ちょっとした炎上になっていました。

炎上はじきに忘れられますが、「(その会社だけに限らず)日本の大企業では、そういう嫌がらせを受けるリスクがある」という印象は、就職予備軍に薄く広く残ります。

もう1つは転職しやすくなり、社員がいつ辞めてもいいと思うようになったことです。そうやって社員がどんどん辞めたら会社がもたないし、そういう社員が正義感から内部告発するようにもなりました。近年ニュースになった告発内容だけでも、贈賄や免許の不正取得、データの改竄など内容は多岐にわたります。

つまり、徐々に「後ろめたいことがやりにくい社会」「後ろめたいことが発覚したときのデメリットが大きすぎて、割に合わない社会」になってきているのです。だとしたら率先してきれいごとを追求し、そういう会社として社員を惹きつけていった方がメリットがあるのではないでしょうか。

社員にとってのきれいごとの意味

社員ファーストがテーマの本書で、きれいごとの追求について書いてきたのには理由があります。それは「きれいごとを追求してさえいればいいんだ」という状況は、社員にとって一番の福利厚生になるからです。

どの業界だったとしても、

○顧客のために良かれと思って行動したら、後日上司から「それではウチの売上が下がるだろう！」とこっぴどく叱られた

○別の業者の方が安くて品質も良いのだが、取引先の社長とウチの部長が古くからの友人なので仕入先をスイッチできない

○無駄な仕事なのでやめたいのだが、そうするとあの人の仕事を奪うことになって面倒なことに……

みたいな、〝ややこしい大人の事情〟のせいで、素直にビジネスを追求できないという状況はあるかと思います。そして優秀で真面目な社員ほど、このような状況に強いストレスを感じています。本当はそういう社員こそ大事にすべきなのに。

きれいごとを追求するということは、こういう〝ややこしい大人の事情〟を一掃し、社員にとっての最大のストレス源を断つ、ということでもあります。

現に「前の会社の方針がどうかと思いまして……」とか「上層部が自分たちのボーナスの計算方法ばかり気にしているのに嫌気がさしました」などと言って大手コンサルティング会社から転職してくる社員は一定数います。ケンブリッジの社員が（その気になればいくらでも転職

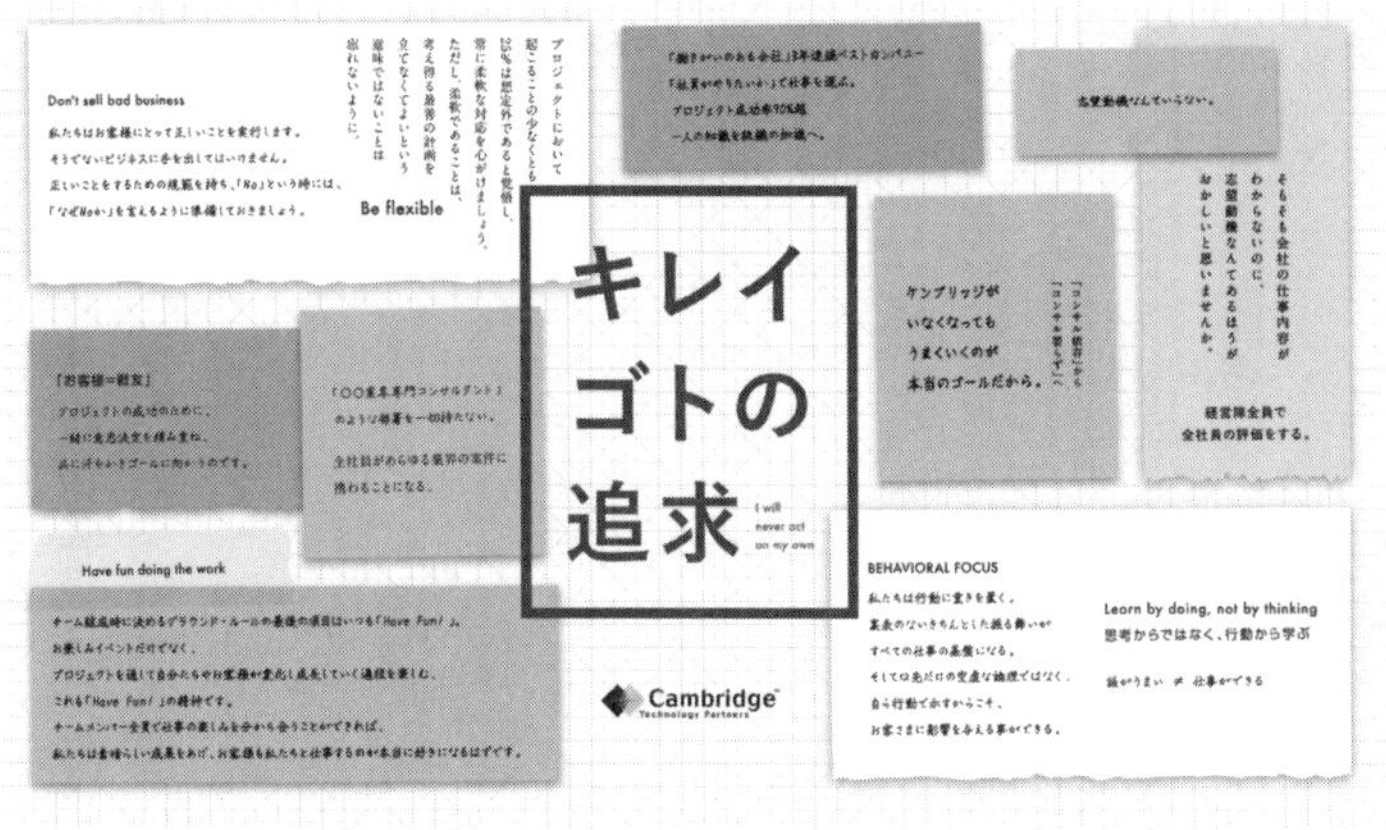

きれいごとの追求は新卒採用でも訴求ポイントです

できるにもかかわらず）転職しない理由にもなっているようです。

今の20代と話していると、わたしの世代よりもずっと**〝働くことの意味〟に敏感な世代**だなぁ、と感じます。特に企業から引く手あまたの優秀な層ほど、ちょっとした給与額の違いや世間体などよりも、「自分の時間を使う価値がある仕事なのだろうか？」を考えています。

そういう若い世代に活き活きと働いてもらうためにも、**やっている自分自身に誇りが持てる仕事か？　が問われる時代**になってきたのです。

黒歴史を繰り返したくなかった――ケンブリッジ前社長 鈴木努さん

白川：ケンブリッジの特徴として、〝曲がったことへの拒否感〟みたいなものがあると思います。自然にそうなったというよりは、鈴木さんが社長として一貫して示していたからだと思うんです。意識してそういう会社を作ろうとしていたんですか？

鈴木：いや、社長になったときは（グローバルからスピンオフした直後で）そんなにかっこいいビジョンを掲げる余裕はなかったんです。でもそれまで仕事をしてきて耐え難かったこと、いわば黒歴史を避けたいという思いは強かったんですよ。

白川：具体的には？

鈴木：一つの例としては……。ケンブリッジ日本支社創立直後に、当時のインターネット・バブルみたいな状況のなかで、非常に高い価格でわたし達のサービスが売れてしまったことがあります。

アメリカ本社からネットビジネスの専門家を多数招いて最先端のビジネスを検討したのですが、最終的に顧客に対してはあまり有効なコンサルティングにはならなかったんです。

プロジェクトをやり終えて「お客さんとの長期的な関係のためには、財布を開いてくれるか？　だけでなく、価値に対して妥当な価格でなければ」と身にしみて感じましたね。

他にも、顧客企業とトラブルになって交渉した際に、こちらがスジを通したのはいいのですが、結果的に先方の担当者が退職せざるをえない状況になってしまったこともあります。

こういう経験を通じて「売上よりも大事なことがある」「後ろめたいことをやるべきではない」という素朴な感覚を持つようになりました。

そういう背景があったからこそ、アメリカ本社からスピンオフして、自分が社長になったときに、自然と曲がったことをしない会社になっていったんだと思いますね。

白川：スピンオフをきっかけにガラリと違う会社になりましたが、一人の社員として一番印象的だったのは、集団経営体制というか、幹部全員で議論しながら会社をやっていくようになったことですね（5章「ファシリテーションで経営する」参照）。それとセットで、いままでベールに包まれていた経営情報も開けっ広げになりました。

鈴木：それも、これまで耐え難かったことへの裏返しですよ。会社のナンバー2だった自分ですら財務

誕生日をサプライズで祝ってもらった鈴木さん

諸表を見られなかったのは、さすがにおかしいだろうと。

幹部全員で意思決定するようになったのは、少人数で会社を再立ち上げする際に、経営力が足りなかったから。みんなで寄ってたかってやるしかなかった。

白川：わたしも経営会議に出るようになったのはそのタイミングでした。まだ若輩者だったときから経営を考えるきっかけをもらえて、自分を鍛える意味でありがたかったです。本業のコンサルティングにも活かせましたし。

鈴木さんの経営者としてのもう一つの特徴は、株主のために存在する会社というよりは、社員を優先する姿勢ですよね。いま「社員ファースト」をテーマにした本を書いているのですが、それそのものです。

鈴木：それは99人まで増えてから32人まで減り、会社が一回なくなりかけたからです。辞めずに残ってくれたこの32人がやりがいを感じられる会社にしないと、もう一回会社を立ち上げ直す意味がない、ということですね。

株主にはスピンオフの際に出資していただいた恩がありますので、配当などで適切にお返ししてきました。でもそれ以上に、社員のための会社でありたいと思ってきたのです。

あなたの会社でやるには？

この本のなかで、本章の内容が皆さんの会社で実行するのが一番難しいかもしれません。単に意思を持ってやるだけで特別な資源も能力も不要なので、本来は一番簡単なはずなのですが……。実現に向けたコツを書いてみましょう。

コツ❶ 若手に聞いて洗い出す

一つの会社、一つの業界で長く働いている人は、そもそも何が追求すべききれいごとなのか、何がやめるべき商習慣なのか、判断しにくくなっていることでしょう。または、気づいているけど、どうせやめられないから考えないようにしているか。きれいごとへのアンテナが鈍っている状態です。

もしそういう状態であれば、30歳以下くらいの若手社員にストレートに聞いてみるとよいと思います。そのくらいの世代の方とゆっくり話をすると、「本当はおかしいと思うんですけどね」とか「やるべきではないと思うのですが……」みたいな発言がポロっと出てくることが多いからです。

ただしこういう話をしてくれるのは、わたしがコンサルタントという社外の人間だから、ある種の気安さがあるからだと思います。最近よく言われる「心理的安全性」が確保されている状態だから、本音で語ってくれるのです。

どうやって心理的安全性を確保するのかについては本書のテーマから外れるので、(5章6章で軽く触れる以外は) ここでは深入りしませんが、「きれいごとを!」と鼻息荒く言うよりは、まずは多くの同僚と個人的な信頼関係を築くことを優先させるべきでしょう。

コツ❷ ワークアウトで指摘してもらう

本書の8章「ワークアウトで会社を変えてもらう」では、社員からの提案で会社をよくする仕掛けについて説明しています。ワークアウトは日常のささいな改善も含めて「変えるべきことは何でも提案してね」という制度なので、本章で取り上げた「きれいごと」のような重めのテーマばかりではありません。

でもそういう制度を用意してうまく回り始めると、たまに重いテーマが投げ込まれます。すぐに実行に移せるかはともかく、社員の問題意識を把握するためにも有効です。

コツ❸ 決断はトップが

コツ❷のワークアウトもそうなのですが、これまでの商習慣を改めたり、短期的に損することをやるには、トップの強い意志が必要です。一見不合理なので、上司の後ろ盾として「オレが責任持つから」がどうしても必要なのです。

わたしも前職時代に、当時携わっていた採用活動について「このような不誠実なやり方をしていても、インターネットで知れ渡ってしまう時代になりましたよ」とトップに直訴したことがあります。まあそのときは黙殺されましたし、そういう場合は辞めればよいのです。後ろめたいことを続ける会社にいたって仕方ないですよね？

05 ファシリテーションで経営する

「社員ファースト」がテーマのこの本で、いきなりファシリテーションという言葉が出てきて戸惑う方も多いと思います。実際には社員ファースト経営とファシリテーション経営は一枚のコインの裏表と言えます。これは本章と次章を最後まで読むと実感できるでしょう。

ファシリテーション的に会社を経営しないと真の社員ファーストは実現できないし、社員ファーストでなければファシリテーション経営は絵に描いた餅になってしまう。本書のタイトルを「ファシリテーション経営」にしようか、という案もあったくらいです（そちらの方が売れたかも……）。

そしてファシリテーション経営というと、経営者だけに関係があるという印象を受けると思うのですが、本章のテーマは「組織の隅々にファシリテーションを行き渡らせることで、レベルの高い組織運営をする」という話です。もちろんその担い手は経営者に限らず、一人一人の社員です（社員ファーストですから！）。

ちゃんと話さずに組織運営していませんか？

ファシリテーション経営が何なのかを説明する前に、それと対極の組織を描写してみましょう。多かれ少なかれ、あなたの会社でも思い当たることでしょう。

とにかく会議がグダグダ

お客様と飲んでいるときに出るものであれ、Ｔｗｉｔｔｅｒで垂れ流されるものであれ、無駄な会議への愚痴はサラリーマンの定番です。

- 事前に作り込んだ資料が配布され、読み上げられるのを聞くだけの会議
- 散々話したあげく、結局結論がうやむやで、明日から何をすべきかなんて誰も意識していない会議
- その場で一番偉い人（課長や部長や本部長）が長々と演説をし、参加者が神妙な顔で聞いている会議
- 既に根回しはすべて終わっていて、単なる儀式として開催される会議
- 結果として眠くなる会議
- 眠るとさすがにマズいので、議事録を取るふりをして内職している会議

症状はさまざまですが、本質的な議論が行われるわけでもなく、実は意思決定の場ですらない会議に、日本のサラリーマンたちは多くの時間を拘束されています。

ボスを忖度する

「強いリーダーに率いられた組織」というと聞こえは良いのですが、実際には「ボスに直言できない」「どうせボスの一言で結論がひっくり返るので、考えるのをやめてしまった部下たち」「仕事を進めるために、いかにボスにYesと言わせるか？　ばかり考えている組織」などなど、強すぎるボスの弊害も多く観察できます。

この変化型として、「ボスに見せる社内資料を延々直している組織」「〇〇部長のお考えは××のはずだ！　と忖度する課長が幅を利かせる組織」などもあります。これらを総称して「内向きの組織」なんていう言い方もありますね。

市場で毎日ライバルとバチバチ争っている会社では、ここまでひどいケースは少ないでしょうが、競争が少ない業界や、社外を意識しにくい組織（大企業の間接部門など）では見られますね。

なぜ？　が不明確なまま走る

働き方改革、ＤＸ、ＳＤＧsなどの流行り言葉に流される経営がその典型です。世の中のトレンドに敏感なのは悪いことではないのですが、「それらが自社にとってどういう意味があるのか?」「だから自社はどう対応すべきか?」を熟慮しないで飛びつくのは下策です。

でも実際には「ふわっとしたキーワードを検討せよ! と、担当役員から下りてきまして……」という相談はコンサルティング会社によく寄せられます。

似た話として「なぜこう決まったのか?」が不明確なまま物事が進んでいく会社もあります。会議で承認されたり稟議のハンコは押されていても、「結局のところ、なぜこれをやるのか?」がふわふわしているのです。目的や意図や責任が曖昧なので、うまくいってもいかなくても、事後検証もできないし、組織として学べない。なんだかなぁ。


これらは単にダメな組織の特徴という話ではありません(組織のダメさにも、構成員の能力不足など、さまざまな要因がありますから)。ここで取り上げたのはすべて「組織において意思決定がファシリテーションされていない状態」です。真の原因はちゃんとした意思決定がされていないこと。そこから派生する現象が、ダメ会議だったり、曖昧な決定だったり、一人のボスに過度に依存する組織なのです。

逆に「意思決定がきちんとファシリテーションされている状態」では……
○カリスマ的なリーダーがいなくても、良い意思決定ができる
○意思決定に関係者がみな納得している

○意思決定後の実行がスピーディ
○オープンでフラットな社風

などが実現できます。本当かよ？　って思いますよね。

でも実際にケンブリッジはこういう会社ですし、それは組織全体でファシリテーションを活用していることと密接に関係しているのです。

ファシリテーション重視の経営で議論していること

ファシリテーション経営は奥深い概念なのですが、まず目につくのは会社に関することはなんであれ、徹底して議論する姿勢でしょう。イメージを持ってもらうために、何を議論しているのか、少し具体的に紹介してみます。

ある日の週次経営ミーティング

全社方針系

ⓐ自社開発ナレッジツールを他社に検証貸与する件（5分）
ⓑUS法人ビジョンワークショップの共有（20分）
ⓒ表彰対象の選定（25分）

ⓓオフィス内飲酒（5分）

個別案件系

ⓔ新規案件〇〇社第1回ヒアリング結果共有（10分）
ⓕ〇〇プロジェクト状況共有と課題検討（15分）
ⓖ社員のプロジェクトへの配置検討（15分）

経営ミーティングと言えども大きな会社ではないし、毎週やっているので結構細かい議題もあがります。例えばⓐは社員が勝手に作ったシステム（と言えども一応は会社の資産扱い）を他社に貸与させてください、と当の社員が確認にきました。またⓓはオフィスにあるミニバーについてです。コロナ禍で飲酒禁止にしているのをいつ再開するか？という議題。

通常の会社では、これらについては担当部門が決まっていて、そこが決めてしまうことでしょう。でもわたし達はいちいち経営メンバーで議論します。といっても1議題あたり5分ずつなので、さっとテーマを話して少し意見交換して即決！という感じですが。

そういう意味ではⓔやⓕの個別案件系の議題も、責任者が決まっていますから、一般的な会社であれば経営会議で毎回議論はしないでしょう。大きな投資の承認が必要なタイミングだけ議題にのぼるイメージです。

でもわたし達は、他の社員が担当しているプロジェクトであっても、寄ってたかってアイディアを出したり、方針を相談しています。「〇〇円以上の案件は経営会議に上げるべし」などのルールがあるわけではなく、その方が良いプロジェクトになるので、自主的に議題に載せているのです。

ⓑはアメリカ法人の社員全員でビジョンを検討するミーティングを開催したので、日本側の経営会議にも結果を共有し、再検討する議題です。こういった「戦略」「方針」などの抽象度が高い議題がちょくちょく議論されるのも、ケンブリッジの特徴かもしれません。

他社でよくあるのは、「戦略検討チーム」のような別働隊が（しばしば社外からコンサルタントを雇って）戦略を検討し、経営会議で読み上げ、承認するスタイルです。でもわたし達は経営会議で断続的にこのような議論をしています。別働隊に作らせた経営の現実から乖離した戦略を神棚に飾っておく……というよりは、日常的に議論し続けるのをよしとしているのです。

小さなことでも経営陣全員で議論できるのは、議論の生産性が高いからです。すぐに論点を明確にし、オピニオンがある社員は積極的に発言し、5分、10分で明確な結論を出します。その程度でコンセンサスを作れるのであれば、誰かに一任するよりは「会社方針」というコンセンサスを作ってしまった方が、後が楽なのです（オフィスでの飲酒という細かいことであっても）。決定に関与した全員が、決まったことをきちんと守るし、他の社員に守らせる力にもなるからです。

方針を徹底的に議論する

「コンセンサスを作るために徹底的に議論すべし」と強調していますが、読者の中には「会社の戦略を決めるために、経営陣が議論をするのは当たり前では？」と思う方もいるでしょう。さまざまな会社の役員さんと議論してきたわたしの私見ですが、ほとんどの経営幹部は会社方針について、他の幹部とちゃんと議論していません。

ずいぶん前のことですが、ある会社の経営幹部全員にインタビューをして回ったことがあります。驚いたのは、営業本部長（専務）と副本部長（平取締役）が主張する営業戦略が、よく聞くと真逆だったことです。しかも彼らは長く一緒に仕事をしてきた盟友で、タバコ部屋では仲良さそうにゴルフの話なんかをしています。でも肝心の営業方針は嚙み合っていないのです。彼らの部下はさぞ困惑していたでしょう。

残念なことですが、この会社は特別ではありません。会社ですから年に何回か「営業戦略」と書かれたパワーポイントが経営会議に提出され、売上目標を読み上げたりはしているのですが。

でも本当に必要なのは、もっと踏み込んだ議論です。

○施策Aが今の自社にとっていかに重要か

とにかくなんでも話し合います

○そのためには○○さんが主張している施策Bなんてやっている場合ではない
○さらに××部門にはこういう無理を強いることになる

のような、他の経営幹部の意見を真っ向から否定したり、自分が担当していない部門に介入するような、ギスギスした議論が必要なのです。こういう議論を避けていると、「施策AもBもやりましょう。××部門にもご迷惑はかけませんので」という総花的な方針になります。そんな方針は結局実行できませんから、もはや戦略とは呼べません。

でも日本人は全力でギスギス議論を避けます。「他のボスの城に土足で踏み込む行為」もタブーなので、自分が監督していない組織や業務に口を出すことも決してしません。単純に議論の訓練を積んでいないので、コンセンサスを作るまで議論する習慣がないことも原因でしょう。

また、会社の方針を議論するのが本質的に難しいという事情もあります。自社の戦略や価値観に関わる抽象度の高い議論をしなければ、結論が出ません。しかも議論を噛み合わせるためには、前提知識を揃えたり、関係者の利害関係を整理したり、ファシリテーション的に乗り越えなければならない壁が多いのです。これがあまりに難しいため、ほとんどの組織では議論することと自体諦めているのが実情です。


一方でわたし達ケンブリッジでは、経営会議で結構ギスギスとした議論をしています。他の経営メンバーが担当している仕事に平気で口出しをしたり、ダメ出しもします。真っ向から逆の意見が出て、どちらであるべきか決着がつくまで、侃々諤々話すのです。

ケンブリッジの経営陣も（一人を除くと）日本人ですから、ギスギスとした議論を好きでやっているわけではありません。でも会社の方針をきちんと確立し、会社の隅々に浸透させるためには（つまりファシリテーション経営のためには）、避けて通れないから仕方なくやっているのです。

白川のつぶやき

ビジョナリー・カンパニーに学んだガチ議論の姿勢

経営メンバーがガチで議論する、というケンブリッジの文化はジム・コリンズの『ビジョナリー・カンパニー②　飛躍の法則』（日経BP）に学んだ。これは優れた会社の作り方を書いた名著だが、この中に「優れた会社では、経営メンバーがツバを飛ばし合いながら、あらゆる議題を真剣に議論している。それもただ意見を言い合うだけでなく、決着をつけるまで議論する」という一節がある。

トヨタに「仲良く喧嘩せよ」という言葉があると聞いたが、それと近いかもしれない。言うべきことは遠慮せずに主張しあい、納得するまで話すべきだ。そして結論が決まったら、もう文句は言わずにみんなで実行しろ、といった意味だろう。

若いころのわたしはこれを読んで素直に「そりゃそうだな」と思った。社員には「徹底的に議論せよ」などと言っておきながら、役員同士は馴れ合い関係で、他の役員のやっていることに口出ししない会社は、本当にカッコ悪いな、と。

だからわたしはケンブリッジの経営メンバーになったときから、他のメンバーがやっていることにも、遠慮せずに意見を言うようにしてきた。婉曲表現ではなく、直球で。最初のうちは煙たがられたし、萎縮する人もいた。

でも3年もやっていると、「じゃあ言いますけど、白川さんだって……」と言い返されることや、わたしがやっていることに口出しされることが増えてきた。いまでは、誰の担当領域かなんて誰も気にしていない。会社のために思ったことは何でも口にし、どうあるべきかを議論している。

もちろん時には気まずい雰囲気になる。でもそれでよいと思っている。社員の立場に立つと、経営会議でヌルい議論しかしていない会社になんて、勤めたいと思わないですよね？

ファシリテーターが会社をやったら、こうなった

なぜこのように、なんでも議論してコンセンサスを作るスタイルになったのか？　端的に言えば、わたし達全員がプロのファシリテーターだからです。お客様の変革プロジェクトをファシリテーションするのがわたし達の本業ですから。

順を追って説明しましょう。

ファシリテーションという言葉をわたしが知ったのは、２０００年1月。新入社員研修が行われるボストンへの飛行機の中でした。英語のトレーニングが不安だったのでテキストを予習していたら、見慣れない言葉があったのです。辞書を引いても「促進する」という、曖昧な訳語しか書かれておらず、戸惑いました。

それから20年以上たった今では、日本でも多くのビジネスパーソンがファシリテーションという言葉を使うようになりました。狭義のファシリテーションは「生産的な会議を運営する技術」程度の意味でしょうか。会議での知的生産（アイディアを出したり、意思決定がしっかりできたり）を促進する、というニュアンスかと思います。

日本でファシリテーションという言葉がメジャーになる前から、わたし達ケンブリッジはプロジェクトを成功させる武器として会議のファシリテーションを使い倒してきました。すべての新入社員は（ボストンでわたしが受けたのと同様に）、今でも入社3日目にファシリテーショントレーニングを受けます。

その後もＯＪＴで実地訓練をしたり、中級編、上級編のトレーニングを受けます。一方的に教わるだけでなく、自ら工夫を重ねたり、同僚と良いファシリテーションについて議論もよくしています。ケンブリッジに在籍している限りは、あたかも武道や茶道のように「ファシリテーション道」を歩むイメージです。

そして会議ファシリテーションだけでなく、もっと広い意味でもファシリテーションという概念を使っています。

例えば「タスクのファシリテーション」といえば、タスク（仕事）をスムーズに進めること。前例がなかったり、組織同士のいがみ合いがあってタスクが円滑に進まなければ、関係者を集めて対策を議論して、とにかく仕事を前に進める。

例えば「プロジェクトのファシリテーション」といえば、プロジェクトを遅延なくスムーズに進めること。プロジェクトは寄せ集めの混成チームでやることが多いので、最初は意思疎通すらうまくいきません。そこでチームビルディングをし、話す言葉を揃え、皆がプロジェクトゴールに向かって協調できるようにする。もちろんトラブルが起きてプロジェクトの進捗が滞れば課題解決をして再び走り出せるようにする。

それらをさらに広げると、「会社をまるごとファシリテーションする」という考え方にいたります。それがこの章で説明しているファシリテーション経営です。

とはいえ、「よし、わが社はファシリテーション経営で行くぞ!」とビジョンを掲げて邁進してきたわけではありません。グローバル本社から独立して、自分たちで会社を経営しなければならなくなった際に、頼れる武器がファシリテーションしかなかったのです。

そうしてがむしゃらに会社を回しているうちに、気がついたのです。プロジェクトをファシリテーションする延長でやってきた自分たちの経営が、他社とはずいぶん違うことに。コンサルタントとしてお客様の経営会議に参加すると、経営レベルの意思決定が顕著に違います。「じゃあ自分たちがやっていることをファシリテーション経営と呼んでみるか……」というノリです。

ファシリテーション経営の特徴

ここからのパートではファシリテーションをフル活用した組織運営について、さまざまな角度から描写していきましょう。

特徴❶ 議論の生産性が高い

先にも触れましたが、経営会議やプロジェクトの進捗会議、営業促進会議やマーケティングの企画会議など、さまざまな会議での議論はかなり生産的です。もっとカジュアルな打ち合わせ、1対1での相談なんかも同様です。

生産性が高いといっても、必ずしも会議時間が他社と比べて短いわけではありません。とにかく会議から生み出される成果が大きいのです。経営会議では抽象的な会社方針も含め、きちんと意思決定します。なにかの企画会議をすれば、担当者の元の意見を超えたアイディアを他の人からもらえたり、みんなで寄ってたかってアイディアを磨いたりすることもできます。

生産性が高い割に短時間でないのは、話すことを厭わないからでしょうね。成果を生まない会議を30分もやっていたら皆うんざりするでしょうが、誰もが「充実した打ち合わせだった」「これで仕事が前に進められるぞ」と思いながら会議を終わるのであれば、2時間使っても惜しくありません。むしろ「仕事を進めるため、質を高めるために、打ち合わせをしよう」というノリです。

特徴❷ 入れ代わり立ち代わりファシリテーター

生産性の高さの理由の1つは、数人のファシリテーターが社内にいるだけではなく、社員全員がファシリテーターなことです。ケンブリッジでのファシリテーターはたまたまファシリテーションの研修を受けた人や、その場で一番偉い管理職がつとめるわけではありません。入れ代わり立ち代わり、テーマごとに交替していきます。

カジュアルな打ち合わせの場合、事前にファシリテーターが指名されていないことも多く、そんなときは「じゃあ、オレやりまーす」みたいな感じで誰かが前に立ちます。

そして前に立たなかった他の社員も、良い意思決定のため行動することが重要です。想像しにくいと思いますので、ちょっと描写してみますね。

- ファシリテーターが議題と本日の到達ゴールを発表する
- 誰かがスクライバー（板書係）を買って出て、議論を可視化し始める
- 議論が混沌としたら、誰かが整理するための表を書き始める
- それに乗っかって、自分の意見を表に書き足す人が現れる
- 最後にファシリテーターが結論と今後のアクションをまとめる

○ファシリテーターが結論を漏らしていたら、誰かが補足してあげる

こんなイメージです。会議の運営をファシリテーター1人に頼るのではなく、全員がフォローし合って質の高い意思決定を目指します。

ファシリテーターとしての経験を積むと、1人の参加者としてどう振る舞えば場が建設的になるのか、分かるようになるのです。いわば「ファシられ力」が増すといいますか。

特徴❸ コンセンサス重視

ボスの一存やその場の空気では、ものごとが決まりません。とことん話してコンセンサスを作る、つまり関係者できちんと合意することにこだわります。コンセンサスとは関係者全員が決定事項を理解し、決定に従って行動しようとしている状態のことです。

人間ですから、どれだけ話しても方針に100％納得するとは限りません。でも「一度決まった以上、後から文句は言わないし、実現するために各自の持ち場で粛々と頑張ろう」とみんなが思っている状態ができれば、組織としては強いですよね。どんなテーマであれ、話し合いによってこの状態までは持っていくのです。

そもそもファシリテーションというのはコンセンサスを作る技術ですから、社員全員がファシリテーターだと、チームで仕事をする際には自然にコンセンサスを作ろうとするのです。

特徴❹ 実行が速い

意思決定においてコンセンサスを重視していると言うと、「スピードが命の現代で、そんなまどろっこしいことをしているんですか?」と否定的な反応があります。確かにコンセンサスを作るまでの議論には時間がかかります。毎週の経営会議で30分ほど激論することもザラにありますし、結論を出しにくい重いテーマだと3年、5年と断続的に議論を続けることもあります。

ですが、わたし達は自社の経営にスピードが欠けているとは思っていません。例えば2020年にコロナ禍が始まったときには、2月17日という他社に比べてかなり早い段階でマーケティングイベントの中止や、全社員の在宅勤務化を決定しました。決定するための会議にも15分しかかけていません。

そして特筆すべきは、決定した翌日から全社で完全に、コロナ対応の働き方に切り替わりました。まず、雰囲気で意思決定していないので、決定事項が明確です。ToDo(それぞれの社員がいつまでに何をすべきか?)もハッキリしています。

関係者が決定に参加しているので、実行するときに当事者意識が生まれやすいのも、スピーディに行動できる秘訣です。ボスが決めたとか、なんとなく決まったのではなく、自分が決めたことであれば、尻を叩かれずとも行動しますよね?

現場組織が自分の持ち場での最適解を考えて行動し始めたのは、経営幹部が方針を決めたその日からでした。マーケティングイベントを担当していたチームは即日キャンセル対応をしましたし、お客様とのプロジェクトにいたコンサルタントも個別の事情に合わせて、対応方針をすぐに決めました。

お客様と信頼関係が既にできているかどうか、お客様のコアメンバーがリモートワークにすぐに対応できるかどうかは、プロジェクトによってかなり違います。方針は全社一律でも、行動は現場ごとにカスタマイズが必要でした。明確な方針についてコンセンサスができていると、逐一細かく指示をしたりルールを作らずとも現場でどんどん行動できるのが強みなのです。

このようにコンセンサスを丁寧に作ると、関係者が理解し、納得しているので、その後のアクションが速く、正確です。「現代のビジネスではスピードが大事」と皆が言います。だから速い意思決定こそが大事だと。でも**速く意思決定しても、速く実行できなければ意味がない**。コンセンサス重視はそれをもたらすのです。

特徴❺ ── 全員の意見を尊重する

議論をする際には、職位（部長やプロジェクトマネージャーなど）は関係ありません。もちろん年齢や男女も。誰もが対等に意見を言いながら、「組織としてこれがベストだ」という結論を探ります。

これもファシリテーターとして自然に身についた姿勢です。ファシリテーターは生産的な場を作るために、有用な意見を引き出すことに心を砕きます。役職者は放っておいても喋るので、若手や現場担当者など、普段発言しにくい人の意見を特に大切にします。そういう意見が問題解決に決定的に重要なことが多いから。

そのため普段の仕事でもさまざまな立場の社員がアイディアを出しますし、黙っていると意見を求められます。その延長として、議論に限らず、会社の制度や新しい取り組みもボトムアップで作られています（7章、8章で詳しく説明します）。

特徴❻ 組織がフラットになっていく

全員の意見を尊重するということは、議論で「誰が言ったかよりも、良い意見か？　が大事」ということを意味します。もし社長の意見が説得力を持つとしたら、言った人が社長だからではなく、それが良い意見だからです。権威は無関係なのです。

だから社長と2年目の社員が仕事の話をするときは「経験豊富で判断力に優れた社員と、現場の詳細な事実を把握している社員が議論をしながら、より良い解決策を探っていく」みたいな対話になります。これは上司と部下の関係（命令する側とそれを遂行する側）というよりは、「より良い仕事をするための仲間」という状態ですよね。

全員がファシリテーターの組織では、徐々に組織がフラットになっていきます。例えばわたしの今の肩書はCOO（チーフオペレーションオフィサー）なので、まあ一般的には「会社の偉い人」なのですが、改めて考えると、社内で行使できる権限は何も持っていません。

議論で食ってかかられることもありますし、事務ミスをすれば一般社員に普通に怒られます。「白川さんはすぐコーヒーこぼすから」「えー、先週自分が言ったんですよ。また忘れちゃったんですか？」などと、機会さえあれば寄ってたかっていじってきます。そしてこのあたりは、相手が社長であってもほとんど変わりません。ＣＦＯも社員から「インテリヤクザ」などと呼ばれています。フラットにも程がある。

特徴❼ オープンな社風と心理的安全性

ファシリテーターに備わっている「意見を引き出し、傾聴する姿勢」は、何でも言い合えるオープンな社風を作る土台にもなっています。ケンブリッジに転職してくる社員が、前職との違いで一番強調するのがこれです。

実はわたしのように長くいる社員にとっては、これをケンブリッジの特徴とは全く意識していませんでした。この本に書くつもりも当初はありませんでした。戦前じゃあるまいし、人が自分の考えを言えるのは当たり前でしょう？　と。

そこで「前職で意見を言いにくかったですか？」と何人かの中途入社社員に聞いてみたら、みな一つや二つはエピソードを話してくれました。

○前の会社では、余計なことは言わないことにしていた。若手が発言する雰囲気でもなかっ

たし

○1つ上の上司を飛ばして本部長に仕事の問題点を話したら、後でこっぴどく叱られた

○「この仕事は無駄だから見直しません？」と素朴に発言したら、同僚が一生懸命やっていることにケチをつけたと捉えられ、関係修復に苦労した

○誰かに相談するときは、めちゃくちゃ時間をかけて入念に準備する。そうしないとあちこち突っ込まれて進まないし、仕事ができないヤツだと思われてしまう

などなど。

もう20年以上前のことで忘れていましたが、そういえばわたしも前職で口が災いしていつも上司と揉めていました。「なんでそんなことを言うんだ！」と叱られても、ピンとこないんですよね。何かをやらかしたわけでなく、言っただけでペナルティを受けるのが。

ベンチャーや外資系プロフェッショナルファームでないならば、入社後すぐに「会社でうっかり本音を言うと、人を傷つけてしまったり、上司に怒られる」という組織文化を学びます。

こういう文化を今どきの言葉で表現すると「心理的安全性がない状態」です。逆に言えば、自由に意見を主張できることや耳を傾けてもらえることは、社員の福祉に直結しています。「若手社員であっても対等に議論に参加できる。良い意見は取り入れられ、仕事に活かされる」というのは、働く上で給与と同じくらい大切なプレゼントのはずです。大げさに言えば社員一人一人を尊重することですから。マズローの欲求5段階風に言えば「自己実現欲求が満た

されている状態」でしょうか。つまり社員ファーストそのものなのです。

特徴❽ 理由の言語化と権限委譲

ボスの一存で動く組織では「なぜA案ではなくB案を採用するのか？」はボスの頭の中にあり、他の人は推測するしかありません。意思決定のたびに「なぜB案なのか？」を部下にも分かるように丁寧に説明するボスがほとんどいないからです。そんなに暇ではないし、自分でも理由を言語化できないケースも多いでしょう。先に「強すぎるボスに率いられた組織では忖度が起きやすい」と書いたのはこのためです。

一方で意思決定のたびにコンセンサスを作る場合、「なぜB案であるべきか？」を他の人に説明する必要があります。つまり選択の理由が強制的に明確になるのです。これは組織の価値観や商売の勘所などが、いちいち言語化されることを意味します。

これは意外と重要なことです。後で振り返ることもできますし、方針が蓄積されていきます。つまり組織に一貫性をもたらすのです。その蓄積の集大成が次の章で扱うPrinciple（原理原則。経営方針）です。

「この組織でヨシとされている意思決定とは？」を本物のケーススタディで生々しく学ぶ、教材があるのは強い。ボスの一存で決まる組織では、こういう学び方は難しいのではないでしょうか（その代わりにボスと毎週のように飲みに行くことで学ぶのかもしれません……）。

判断が属人的ではないので、権限委譲やリーダー交替もしやすい。象徴的なのが社長の交替です。ケンブリッジでも２０２２年社長が変わりました。13年社長をつとめた鈴木から、かなり年下の榊巻へのスイッチなので、社外からは大きな変化に見えたかもしれません。でも社内としては特に波風はありませんでした。

もともと社長の鈴木だけで経営していたわけではないので、社長が代わったからといって価値観も経営方針も全く変わりません。社長じゃなかったときから、榊巻の考えが十分会社方針に反映されていた、とも言えます。

結局、ファシリテーション経営とは？

特徴を８つも挙げました。結局のところファシリテーション経営とは何なのか、まとめましょう。

- 何かを決定する際に、議論でコンセンサスを作ることを重視する
- 年次や役職に関係なく、良い意見が尊重される
- その際には、コンセンサスができるまで、トコトン議論する
- 一度コンセンサスができてしまえば、関係者が理解・納得しているので実行が速い
- そうしているうちに、徐々にフラットでオープンな組織になっていく

○それは社員一人一人を尊重することであり、社員ファーストそのものである
ファシリテーターとして良い議論をするために重視してきた「意見の引き出し」「傾聴」「上下を意識しない闊達な議論」という姿勢が、そのまま社員ファーストな組織づくりと地続きなのです。

あなたの会社でやるには？

「狭義のファシリテーションは会議の促進だが、ファシリテーションの対象はタスク、プロジェクト、経営……と広げていける」と書きました。皆さんがファシリテーション経営に取り組む際にも、まずは会議のファシリテーションを学ぶところから始めるのがよいと思います。

その際に注意して欲しいのは、普段一緒に仕事をする同僚全員で学ぶことです。ファシリテーターただ一人が学んだだけでは孤軍奮闘状態になり、良い会議を開催するのはかなりの腕が必要となります。

でも全員が同じトレーニングを受けていると、会議参加者全員が「この会議を生産的な場にしよう！」と協力し合えるし、未熟なファシリテーターをみんなで助けることもできます。理想はケンブリッジのように、全社員がトレーニングを受け、全員がファシリテーターという状態です。

しかし大企業でこれを実現するには、かなりのハードルがあることでしょう。そういう場合は、まずは一つの部署から始めてください。「あの部署、やけに楽しげに会議しているな」「あの部署ではダラダラ会議が最近全くないらしいよ」「あの部長は相談しやすいらしい」と噂が広まって、秘訣を教わりに来ます。

まずは自分の影響力が及ぶ範囲から始めてみてください。

06 原理原則で経営する

ファシリテーション経営をPrincipleが支える

前章でも少し触れましたが、「コンセンサスで経営している」というと、スピードを心配されます。また、もう一つのネガティブな反応は「ケンブリッジは小さな会社だからできるのですよね？　大企業ではそうはいきません」というもの。

ケンブリッジの社員は現時点で200人弱ですから、これに対しては事実をもって反論はできません。実際に数年前まではわたし達自身も「組織が100人を超えたら、コンセンサス重視の経営なんてできないだろう。どうしたものか……」と心配していました。

でも現在は、もっと組織規模が大きくなっても、ファシリテーション経営を続ける手応えを得ています。むしろ組織が大きくなるからこそ、このやり方が有効なのでは？　と。

なぜコンセンサスを重視しているのに即断即決ができるのか？　なぜトップダウンではない

のに、組織の方向性が一斉に切り替わるのか？　なぜ大幅に権限委譲しているのに組織としての一貫性を保てるのか？

それは**全社員で経営の原理原則を共有していて、何事も原理原則からの演繹で意思決定しているからです。**原理原則とは経営方針といってもよいでしょう。具体的には「Principle」という、37項目からなる経営方針書にまとめてあります。

原理原則にもとづく経営をしていることで、どんな組織になるのか、もう少し説明を試みます。それは……

- 「偉い人が言ったから」よりも「原理原則に沿っているから」を重視する（権威による組織運営の否定）
- 「ルールに従っていればよし」「ルールに反しないなら何をやってもよい」ではない。原理原則に照らして、良きことをやる
- そもそも、ルールをなるべく作らない
- 原理原則に照らして、ケースバイケースで柔軟に判断する（変化する環境に強い）
- 意思決定が遅いわけではない
- 現場への大幅な権限委譲（原理原則の範囲であれば、自由に仕事してよい）
- 実行は速い（個々の社員が方針に納得しているので、自ら判断して動くから）

こんな感じです。

……といっても、まだピンとこないことでしょう。この章でじっくり説明していきます。

Principle（経営方針書）

わたし達の経営方針、いわば会社をやっていく上での原理原則は、「Principle」という文書にまとめてあります。書かれているのは、これまで経営メンバーが議論の末、口頭でコンセンサスを積み重ねてきた経営方針や価値観みたいなものです。それを２０１９年にまるまる１年かけて、有志が一つの文書にまとめました。全37項目あります（ちなみに数年に1回改定するので現時点の最新版は「Principle 2021」です）。

※本書のAppendix②として３０９ページに全文を掲載しました。どんなものか興味がある方は、一読してからの方が以下の話を理解しやすいかもしれません。

37項目のなかにはケンブリッジの独自性が強く出ている項目もあれば、「他の会社はまだ言っていないだけで、いずれ世の中こうなるよね」という普遍的な項目もあります。一つ例にとると、こんな感じ。

…………

規律をもって規模を拡大する（Organic growth）

組織能力の向上のために、社員を増やす。人数が多ければ組織全体としてやれることは増えるし、より専門特化した尖った人材を組織に迎え入れ、活かすことが出来るようになるからだ。

ただし2000年前後に急拡大した際、育成が追いつかずカルチャーも薄まり、破綻した経験をした。これを踏まえ、Organic growth（自然な成長）を目指す。

現時点では、年12%の拡大が方法論やカルチャーの浸透の限界だと考え、12%を超える成長はしない。12%成長を守るとすると、2028年には300人規模になっている計算になる。

ただし、方法論やカルチャーのより速やかな伝達の方法が確立されれば、この限りではない。


どこの会社でも規模の拡大は掲げているので、拡大自体は普通の話に見えるでしょう。でもわたし達にとってこの話は10年単位の議論があって、ようやく「現時点の方針」としてこれにまとまっています。

- 小さいままがいい
- 規模の拡大は目的か？　手段か？
- 学生さんからは具体的な人数目標をよく聞かれる
- そもそも規模を追う会社じゃないはず

などなど。

これまで議論を積み重ねてきたはずなのに、Principle という文書にまとめるにあたって、この項目だけでも1時間くらいは話したでしょうか。その結果ようやくたどりついたのは、「規模の拡大は、Principle の№1に掲げている〝組織能力の最大化こそがケンブリッジの戦略である〟を達成する手段の一つ」という考え方です。

単にデカくなりたいわけでもないし、闇雲な売上拡大は目指していない。組織能力、つまり会社としてできることが増えた方が、良いサービスを提供できるし、さらにチャレンジできるようになる。そのためにはさまざまな人材が集う会社でありたい。だったら規模の拡大のために頑張りますか！　という感じで、ようやく全員が腹落ちしたのです。

「社員数を増やそう」という、ごく普通の方針ですら、この調子です。社員が納得しないと動かない。経営者にとってはめんどくさい会社です。でもこうして議論を積み重ねて自分たちで経営方針を一度つくったら、その日から「やらされ仕事」ではなくなる。これがコンセンサス重視の強いところ。Principle はその結晶なのです。

Principle の37項目は、

- ○全体方針
- ○サービスのあり方
- ○案件選択

○変化と意思決定
○会社と社員
○人材育成

の6つのカテゴリに分けられています。「変化と意思決定」が1つのカテゴリになっていて、しかもカテゴリのなかでも項目数、記述量が多いのが特徴的かもしれません。これはわたし達が普通と少し違う意思決定方法を採用しているからだと思います（つまり、ファシリテーション経営ということ）。普通じゃないから議論を積み重ねてきたし、きちんと説明しないと分からないので行数も多くなったのでしょう。

事例 社員が起業すると言い出した

Principleという文書をまとめただけでは「原理原則による経営」とは言えません。実際に原理原則に沿って意思決定をしなければ、Principleはただの紙切れでしかないので。

原理原則に沿った意思決定の一例として、最近多くの企業で対応を迫られている「社員の複業を許可するか?」というテーマについて紹介します。

もともと日本の大企業では複業を禁止しているケースがほとんどでした。どの会社も、社員の時間は自社のビジネスに120%使って欲しいと思っていたからでしょう（禁止の理由として他にも「複業すると、複業先と合わせて労働負荷が高くなりすぎていないか、管理できないから」ともよく言われます。でも複業していない社員の労務管理ですらやってこなかった企業が多いので、眉唾ものです）。

ところが2017年ごろから働き方改革の一環として、社員の複業を認めるべきでは？　という議論が盛んになりました。ケンブリッジでは2019年に突然、鈴木将之というベテラン社員が「日本酒の会社を起業するので、よろしく」と言ってきました。

一般的な会社では、社員がこんなことを言い出したら人事部門は大変です。「複業規程って作ってあったっけ？」「そもそも禁止なんだっけ？」「複業している社員の給与ってどうなるんだっけ？」と、規程集を紐解き、記載がなければ困ってしまいます。こういうタイミングで、慌てて複業規程を作った人事部もあると思います。

でもケンブリッジでは原理原則で考えます。

まずPrinciple №36に「転職しなくても、チャレンジし続けられる環境を作る」がありますので、この考え方からすると、複業は（規程がなかったとしても）ＯＫです。

転職すると言ってきた鈴木は、以前から「ケンブリッジは大好きだから長く勤めるつもり。でももっと好きな日本酒に絡めた仕事ができるなら、ケンブリッジを辞めてチャレンジする」と言っていました。会社が複業を認めていなかったら、彼は今回の起業に際して、会社を辞めたでしょう。でも複業がOKなおかげで、会社は貴重な戦力を失わなかった上に、新たなノウハウを手に入れるチャンスも得ました。彼個人としても、安定した収入を得ながら人生の大勝負ができる。両方にとってハッピーなのです。

次に待遇については№29に「Pay For Performance」という原則があるので簡単です。彼は起業にともなってケンブリッジでの仕事は週4日勤務にしたいと言っているので、「今までの給与の5分の4」が新しい給与です。今後彼の能力が向上したらもちろん昇給しますが、同じ能力の同僚の5分の4であることは変わりません。

さらに彼は起業するにあたり「社員が自分しかおらず、ケンブリッジの仕事もしているので、人手が足りない。ケンブリッジ社員に無償で手伝ってもらえないか」と言ってきました。これは、まあまあ図々しい申し出です。

でもわたし達経営陣は、この提案を採用することにしました。会社にメリットがあるからです。ケンブリッジはもともとクライアントの大部分が大企業なので、この話の前から、組織能力を広げるためにかなり意図的にベンチャーを支援してきました。

こういう文脈の延長線上に、ケンブリッジの方法論を熟知した社長が経営するベンチャーが出現したのだから、それを支援すれば優れたケーススタディが手に入るはず。例えば、

- 小さな企業のB2Cマーケティングのノウハウ
- クラウドファンディングのノウハウ

など です。これらは大企業だけと仕事していても、どれも手に入りにくい。これを手に入れるための投資として、社員数人の20%の工数は決して高くないと考えました。同じことを社員の側から考えると、コンサルタントとして起業を手伝いたい社員はもともと一定数いるので、彼らにチャレンジの機会を提供できます。

ただし完全に無償で支援すると、利益供与的な面倒な話になってしまいます。そこで「組織能力を向上させるための実験投資」という位置づけにしました。起業を通じて得た成功や失敗やノウハウは、社長自らが勉強会講師になってもらい、会社に還元してもらうことにしたのです。№34「組織能力向上において最重要のテコは育成である」が該当します。

こういう特定の社員に対する支援をやると、「今後もっと多くの社員が起業して、ウチの会社にも社員の工数を使え、と言ってきたらどうするんだ？」という懸念もありました。それはさすがに困るし、だとしたらこの会社だけ特別扱いしていいのでしょうか？

わたしはその議論になった際「そう、特別扱いするのだ。だって彼が言い出しっぺだから」と返しました。№25「常に変化を生み出す」のなかに「いいだしっぺ優遇」と書いてあるのです。変化を組織的に生み出すために、最初にやりだした人には資源を優先配分する。悔しかったらあんたも言い出しっぺになればいいでしょ、という考え方です。

鈴木社長の会社は「ＨＩＴＯＭＡＫＵ」というブランドで日本酒を販売しています。なんでも「圧倒的にカッコいい缶に、本当に美味しい日本酒をパッケージして、野外など、今までにはないシチュエーションで日本酒を楽しんで欲しい」というコンセプト。

なにしろもともとが酒マニアなので、中身の日本酒の味は折り紙付き。付き合いのある蔵元さんに専用のお酒を醸してもらっているとのこと。わたしのように、日本酒は好きだがあまりたくさん飲めない人にとっても、一合という飲みきりサイズがうれしい。焚き火しながら飲んだりしています。

原理原則で経営するとは？

この事例を通じて「原理原則で経営する」がどんな感じか、伝わったでしょうか。

- 規程やルールは最小限にとどめる
- 前例のないことが起きた場合、すでに合意されている原理原則にもとづいて判断する（許可／禁止、資源を配分する／しない、などをケースバイケースで判断する）
- いまある原理原則では判断できないほど新たな事象が発生した場合、「そもそもどうあるべきか？」まで立ち返って議論する
- それが新たな原理原則となる

こんなプロセスです。

大企業の人事部門の方と話をすると「こと細かに規程や内規を決めておかないと、ケースごとに判断がブレてしまい、社員間の公平性を保てない」とよく言われます。わたし達の考え方はそれとは逆です。原理原則にのっとることで、大枠の判断はブレないし、社員が納得できるものになっているはずです。そして個々のケースはそれぞれ微妙に違うのだから、原理原則の範囲内ならば、判断結果も微妙に違って当然です。

こういった原理原則が文書化され、社内に浸透していることのメリットをもう少し整理しておきましょう。

原理原則経営のメリット❶ 権限委譲

原理原則を共有できていれば、「原理原則にのっとっている限りは、あなたの判断に任せます」という形で、大幅な権限委譲が可能になります。Principle は37項目もあり、すべてを理解するのは大変と感じる人もいるかもしれませんが、逆にこれさえ守っておけば、あとは現場現場でベストを尽くせばいいのです。

原理原則経営のメリット❷ 心理的安全性

組織で仕事をしていて一番怖いのは、後ろから刺されることです。つまり、権限委譲されていると思って判断したことについて、後で上司から「お前なに勝手にやってんだよ」と言われること。でも原理原則に沿っている限り、そういう怒られ方はしません。

例えばわたし達の会社でも、想定通りにプロジェクトを進めることができない事態が稀に起きてしまいます（かなり少ない方だとは思います）。このようなときは、社内外から人員をかき集めてでも、お客様との約束を守ろうとします。このときに「そんなに人を投入したらコストがかかりすぎるじゃないか！」などと後日社長に怒られることはありません。約束を撤回させられることも起きません。原理原則に沿っているからです。

このように「正しいことをやりさえすればよい、と思える状態」は、心理的安全性をもたらします。もちろん正しいことをやろうとしたけど能力不足で失敗してしまった、ということは起こります。でもそれは「組織方針に背いた！　といって怒られる」とか「ボスが気に食わないから怒られる」とは、全然違いますよね。

先ほど紹介した、起業した鈴木も「ウチの会社であれば、こういうことを言い出しても、たぶん応援してくれるし、少なくとも怒られることはない」と言っていました。心理的安全性とはこういうことだと思うし、社員が活き活きと働くためには大事なことです。

原理原則経営のメリット❸ ―― スピード

前章で週次経営ミーティングの紹介をした際に、5分、10分で終わる議題も多いと書きましたが、これも原理原則に沿っていれば即決、という意味です。新型コロナという前代未聞の事態への対処も、原理原則にもとづいて15分での意思決定でした。

決定後も全社員が原理原則を理解していると、一つ一つの方針が組織の隅々まで浸透する時間がとても短くてすみます。

原理原則経営のメリット❹ ルールが少なくてすむ

わたしはよく大企業の人事部と仕事をするので、規程類の多さに毎度驚きます。そして「年金問題を解消するために政府が再雇用を義務付けた」「同一労働同一賃金についてのお達しが出た」など、世の中が変化するたびに、新たな規程が作られるのです。

もちろん1回規程を作ってしまうと、運用するのにも手間がかかります。浸透にも時間を必要とします。ですから原理原則に沿った経営で、ルールをあまり作らずにすむのは大きなメリットと言えます。

白川のつぶやき

前例がないとき、ルールがないときにこそ差がつく

ベンチャーや海外の企業にくらべて、日本の大企業は判断スピードが遅いとよく言われる。日本企業では権限委譲が進んでいないため、稟議や相談の階段を一つ一つ上がっていく必要があるためだ。関連部署に話を通しておかないと、後で揉め事になる、なんて事情もある。

そして前例のないことを判断する際は、これがさらに遅くなる。それも極端に。わたし達は普段、顧客の変革プロジェクトの支援をしている。変革というくらいだから、ルール

に沿って判断すればすむテーマはほとんどない。

例えばその会社に今までなかったタイプの商材を新たに扱う場合、「どのタイミングで売上を計上すべきか?」は、既存のルールブックには書いていない。

変革プロジェクトの初期段階で、成長を阻害している組織課題を探していると、それが既存のルールである場合も多い。その場合はもちろん、ルールをスクラップ&ビルドすること自体が施策となる。

前例の有り無しとは別に、日本の大企業は組織の隙間課題も苦手としている。縄張り意識が強すぎる組織で変革プロジェクトをやると、意思決定が麻痺しがちだ。なぜなら変革では得てして、組織と組織の役割分担を見直したり、どの組織も担当していないことにメスを入れるからだ。

すると「これ、誰がYesと言ったら実行していいの?」という状態になる。こうなると最悪で、「これはどの組織が決定すべきか?」を決めるだけで1カ月かかったりする(これを防ぐために、変革プロジェクトでは社長直轄の意思決定機関を特別に用意するが、用意できなかったり、形だけ作っても機能しないケースもあるのだ……)。

金融や製造業など、きれいなピラミッド構造の組織の会社は、このような状況になりやすい。ルーティンワーク、つまり「誰が何を決めるか?」および「決定の基準は何か?」が明確な仕事ばかりやっているならば強いのだが、前例のないことになった途端、スピードが落ちるし、ひどいときには麻痺してしまう。

わたし達が自社を経営する際に、ルールという手段になるべく頼らないようにしているのは、このような会社を多く見てきているからだ。これからの世の中、前例のないことにチャレンジしていかなければならない。

もうルール依存からは脱しませんか。

Principle 2019ができるまでのドロドロ

皆さんの会社でPrincipleを作る参考になると思いますので、わたし達が最初にPrinciple 2019という文書を作るまでの過程を紹介しておきましょう。

「ミッション、ビジョンをもっと分かりやすく!」がきっかけ

ことのきっかけは「ホームページに掲げているミッション、ビジョンを見直したい」という声が上がったことです。2017年ごろのことでした。

グローバルから独立したときから「変革をファシリテートする」をミッションとして掲げていました。でも分かりにくい。外部の人には、わたし達の価値がストレートに届かないよね、という課題意識です。

そこでミッション、ビジョン検討委員会が有志で結成されて何度も議論したのですが、いまひとつしっくりきません。普段お客さんのためにコンセプトを作る支援をやっていても、いざ自分たちのこととなると、この体たらく。

議論の末にとりあえずの成果物として、仕事で大事にしていること、ありたい姿を文書にまとめてみました。甘ったるい文章になってしまったので、作成した社員たちが自嘲気味に「ポエム」と呼んでいたものがこれです。

変革プロジェクトは難しい。
しかし僕らケンブリッジは
人の力を引き出し、本音で議論し、多様な人々を One Team にまとめ、
ワクワクするプロジェクトをお客さんとともに作ることができる。
その結果として、価値観が変わるような成功体験を提供できる。
このケンブリッジ・スタイルでスタンダードを引き上げ、世界中のプロジェクトを成功に導く。

ポエムを社内に発表したら大炎上

これを全社会議で発表したのですが、ものすごい大ブーイングでした。内容面も表現として

も総スカン。たしかに表現としては稚拙なので（だからポエムと言っていた）、ある程度の批判は仕方ないと思うのですが、内容的にはまっとうなことを言っているつもりでしたので、結構ショックでした。

しかも一緒に議論していた社員のなかからも「これからはデジタルの時代なのに、そういう要素が全く入っていないなんて、会社の方向性としておかしいんじゃないか」とか「グローバルに打って出るべきなのに、ウチに閉じすぎ」という声が上がりました。挙げ句の果てに、「ミッション、ビジョンの議論をしていて会社に愛想をつかしました」と辞めてしまう社員も出てしまいました。わたし自身もポエム作成の中心人物だったので、本当にこたえました。

デジタルをテコとした変革（世間でＤＸと呼ばれているもの）もグローバル進出も、ないがしろにしていたわけではありません。当時すでに取り組んでいましたし。でもそれらは社会や顧客のビジネスを良くする手段に過ぎないので、あまり大々的に謳いたくはなかったのです……。

多くの社員からのこうしたネガティブな反応を受け、「新しいミッション、ビジョンを作ろう」という活動は停止してしまいました。あの反応をはね返す気力が湧かなかったというか。

欠けていた〝方針の言語化〟に気づく

その後しばらくは、なんの活動もせずに放っておきましたが、わたし個人はある種のトラウマとして、度々このことを思い返していました。なんであんなに拒否されたんだろうか。他社みたいに「売上○○億を目指すぞ」とか「世界を代表する会社になる」みたいな、分かりやすい目標があった方がいいのだろうか。それとも「DXの旗手へ」みたいな時流に乗るとか?まさかね……。

そうして1年ほどたったある日、唐突に気づいたのです。「そうか。僕らに必要なのは、小ぎれいなキャッチコピーやスローガンなんかじゃないんだ。経営方針をちゃんと言葉にしないと」と。

前の章で説明したように、わたし達は経営においてもコンセンサスを大事にしてきました。一つ一つの経営判断をする際に、毎回議論をするのですから、知らず知らずのうちに「わたし達はこれを大事にする」「こういうケースはこの考え方をベースに判断する」という、判断基準や価値観みたいなものが蓄積されていました。

でもそれらは、毎週経営判断を議論しているマネジメントメンバーの暗黙知としてしか、共有されていなかったのです。新たにマネジメントメンバーになった社員から「今まで見えなかったけれども、こんな議論をしていたんですね」と言われてしまう始末です。

誰かに刺さる、キャッチーな言葉をこねくり回すなんてことではなく、わたし達に必要なのは、**この判断基準や価値観を改めて言語化し、社員と共有すること**なのではないか……。

ひたすら書き出し、整える

それが分かってからは、比較的スムーズでした。
マネジメントメンバーに「今まで暗黙的に共有してきた経営方針やビジネスで大事にしていることを、とりあえずどんどん書き出そう」「今は実現できていないけれども、今後目指したいビジョンがあれば、それも具体的に出して欲しい」と伝えたら、すぐに100以上は集まりました。なにしろ、ゼロから考えるのではなく「そういえばこれもあったね」と思い出せばいいのですから、それほど時間はかかりません。

例えばPrinciple の一つに「案件比率を5：2：2：1：0の目安で取る」という方針があります。これは5年ほど前の経営会議でわたしが「骨太の業務改革プロジェクトを5割、システム構築力を維持するためのシステム開発プロジェクトを2割、新規事業開発やNPO支援などのチャレンジ案件を2割、海外案件を1割、というバランスで仕事を受注するようにしよう」と主張したものです。その後もこれはわたし達が仕事を選ぶときの基準の一つになっていたので、今回正式にPrinciple に加えたわけです。
コンサルティングをなりわいとしているわたし達にとって、アイディアを文書にし、分かりやすいように分類するのは慣れた作業です。時間的にもスムーズに進みました。

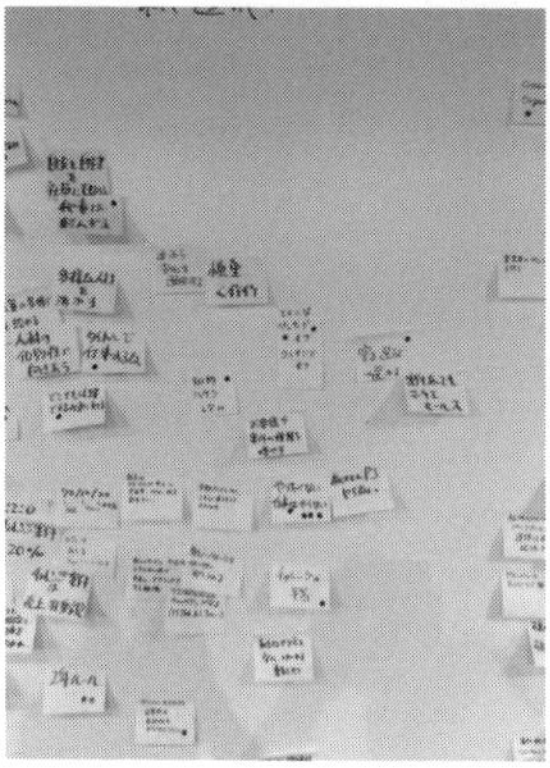

原理原則をひたすら
貼り出して議論していきました

「漫画でPrinciple」チームが描いたストーリー

半年以上かけて浸透と議論

一方で、まとまったものを吟味したり、社員への浸透には時間をかけました。経営会議で改めて激論を何度もしましたし、誤解のないように、なるべく丁寧に（ときには冗長なくらいに）文章化しました。

毎月の全社会議でもPrincipleを3つ、4つずつ取り上げ、全員で議論しました。社員一人一人の経験や今仕事している状況も違うので、「この解釈で合ってる？」「ウチのプロジェクトだとむしろこんな感じなのに？」という意見をどんどんぶつけてもらい、修正をかけていく。こういった丁寧なコミュニケーションは理解を深めるためにも、欠かせませんでした。

最後に総仕上げとして、年に1回のオフ

サイトミーティング（泊まりがけで会社の未来について議論する場。次章参照）のテーマを「経営方針を自分たちなりに考える場」とし、グループごとに議論してもらったのですが、これは面白かったですね。

Principle を漫画にするチーム。「わたし達がお客さんに提供する〝価値〟とは？」という硬い議論をガチでやるチーム。Principle から導いた戦略ストーリーを図にするチーム。Principle をもとに歌詞を書き、ギターの演奏付きで歌い始めるチームすらいました。

社員全員がＨａｖｅ Ｆｕｎ!! 精神を存分に発揮して、楽しい上に Principle を本当に自分たちのものにする、とても貴重な2日間になりました。

土台ができたらあっさりと

こうして Principle 2019 が完成して社員みんなのものになったころ、社内でミッション、ビジョンや価値観を見直す活動が再び有志で始まりました。そこでももちろん真剣な議論があったのですが、前回議論したときの紛糾ぶりとは全く違い、かなりスムーズに改定できました。1年かけて Principle を議論した土台があったためでしょう。

ミッション、ビジョンですべてを表現するのを諦め、文章量が多くなってもいいから経営方針を丁寧に言語化し、誤解なく伝える。このステップがわたし達には必要だったのだと思います。

あなたの会社でやるには？

Principle 2021は公開しているので、「ウチの会社でも作りたい。手伝って欲しい」と依頼されることがあります。コツを書き出すとキリがないので、作るコツと運用のコツを1つずつ紹介しましょう。

他社ではなく、自分たちにとって大事、にこだわる

Principle 2021はあくまでケンブリッジの会社方針を表現したものであって、業界やビジネスモデルやカルチャーが違う会社に、そのまま移植しても意味はありません。だから「ウチにとって大事な考え方」をゆっくり議論しながら出すことにこだわるべきです。

「お客さんに選んでいただく際、ここが勝負の分かれ目になる」「だから個人商店的な売り方ではなく、必ずチームで商談に当たるんだ」みたいな、青臭い議論を丹念に集めていくのです。

中期経営計画などにはたいてい、こういう踏み込んだ（泥臭い）話は書いてありませんので、頼りにはなりません。むしろ焼き鳥屋さんで飲みながら語り合っていたものの、そのまま酔いに流されて忘れてしまっていたような議論を拾ってくるイメージです。

経営陣が自分のものにするか？

Principleというのは単なるスローガンや神棚に飾っておくビジョン的なものではなく、経営方針です。つまり日々の経営判断の拠り所として使われて、初めて意味がある。

そのため、中間管理職が作って、経営陣が「ふーん、いいんじゃないの」と言ってくれました、という程度だと真価を発揮できません（現場で日々意思決定をするのは中間管理職なので、ないよりはずっとよいのですが）。

だからケンブリッジのように経営陣自ら作るのがベストだし、そうでなかったとしても、経営陣が自分のものにするための長い議論が必要となります。「いいんじゃない？」では真剣さが足りず、「本当に今日からこう判断するのか？」「この項目とこちらの項目が相反する状況ではどちらを優先させるべきか？」みたいな、ガチンコの議論です。

あなたの会社では、そもそも経営陣同士がそういう議論をできる関係でしょうか？

07 自分の会社は自分で創る

会社は経営者が創るのではない

ケンブリッジにはいろいろな取り組み、制度、文化があり、本書で紹介しているのはその一部でしかありません。それらを社外に紹介すると「アイディアマンの社長がいて、どんどん発案する」といった様子を想像されるのですが、全くそんなことはありません。

これらの取り組みは経営者が発案しているのではなく、普通の社員たちが寄ってたかって会社を変えてきた成果なのです。

わたし自身も一社員だったころから、さまざまな制度や慣習を作ってきました。例えば「年間20万円までの経費を自己管理のもと、研鑽に使ってよい」という制度は、15年くらい前にわたしが発案しました。

当時は経営メンバーではありませんでしたし、経営能力が高いわけではないので、貢献度としては微々たるものです。でも気持ちとしては「自分の会社だから自分で創る」と思ってきましたし、実際にアレコレ発案したり、手を動かしてきました。

いまでは経営メンバーになりましたが、わたしのような経営メンバーが全く知らないところで新しい取り組みがどんどん生まれているようです。何かが始まって成果が出たあとで「こんなことやってるんです。すごいでしょ」と言われることが増えました。経営者として把握できていないことへの寂しさもありますが、組織能力が向上するとか、自律的に動く組織というのは、こういうことだと諦めています。

これを表現した項目がPrinciple（経営方針書）にもあります。

会社はマネジメントが創るものではなく、創りたい人が創るもの

会社創りは、マネジメントの専売特許ではない。会社は関心のある人が寄ってたかって創るもの。第二の創業以来、これまでも多くの人が関わって会社ができてきた。

会社創りに関心のない人がいてもOKだが、関心があるなら入社1日目であっても「自分で創る」を実践してもらいたい。

そして皆が会社創りに参加しやすくするために、「誰も発言に躊躇しない組織でいる」ことを意図的に目指さなければならない。声を上げる先は、直属の上位職に限らない。上司、マネジメントメンバー・先輩・同僚・後輩。レポートラインなど気にする必要は全くない。

Principleに書いたから「社員が寄ってたかって会社を創る」という状態になったわけではありません。もともとそういう会社だったので、Principleをまとめる際に後追いで書いただけです。

つまりケンブリッジは「経営者が戦略や計画を示して、皆がそれを実行する組織」ではなく、「大まかな方向性を示したら、皆が勝手に何をやるべきか考えてやりだす組織」なのです。どちらが優れている、という話ではありません。「皆が勝手に……」という経営の仕方は、例えば製造業や昔ながらの金融業には向いていないでしょう。製造業でいえば、生産原価や品質をサプライチェーン全体でコントロールするトータルマネジメントが戦略の大前提です。社員が勝手な思いつきで工程の一部を変更し、結果として歩留まりが落ちたら、それで競争に負けてしまうのです。

でもそういう競争をやり尽くし、DXやイノベーションの必要性が叫ばれるような状況では、「小回りの利く現場が勝手にやりだすカルチャー」が有効になってきます。各社手詰まりの中で、そういうカルチャーの作り方を相談されることも増えてきました。

この章では、社員が会社を創る様子を説明していきましょう。

イベント幹事は持ち回りで

この本でもいくつか紹介していますが、ケンブリッジにも定番イベントがあります。例えば月に1回の全社ミーティングや、年1回の社員旅行、社員感謝パーティ、そして泊まりで真面目な議論をする全員オフサイトミーティング（後述）。

こういうイベントは仕事の一環として、総務などの部門が仕切っている会社が多いかと思います。20年前はケンブリッジもそうでした。でもそれってイマイチだと思うんです。役割が固定化すると「場を作る人」と「それを提供される人」で二分してしまうから。わたしはよく「君作る人、僕食べる人現象」と呼んでいます。場を作ってくれる人への感謝も忘れて「今回のイベント微妙だよね」とか「マンネリだよね」など、文句を言う人も出る始末。

わたし達の会社では、やりたい社員が持ち回りで幹事になります。ボランティアなのでしょっちゅうやる社員もいるし、めったにやらない社員もいますが、「仕事だから」とイヤイヤやるものではないと思っています。

こういう話をすると「強制じゃないなら、誰も幹事をやりたがらない、ということにはならないんですか？」と聞かれます。不思議なことですが、毎回誰かしらが手を挙げますね。なぜなのかを考えてみました。

理由の一つは、こういったイベントがミニプロジェクトだからでしょう。わたし達の本業であるプロジェクト管理の修業になるため、自己訓練のために幹事をやることが定着しています。わたし達のようにプロジェクトが本業じゃない会社の社員であっても、企業の重要な取り組みはプロジェクト形式で行われるでしょうから、イベント幹事は良い修業になるはずです。

そしてもう一つ、「今度のイベントはこういうふうにやりたい」「本来このイベントはこうあるべきだ」「こういう趣向でみんなを巻き込んでみたい」という理想を実現するために幹事になるケースがあります。ビジョンがある人は、幹事に文句を言うくらいなら、率先して自分色にしてしまえ！ というノリですね。それがナイスなら次回からも踏襲されるだろうし、「たまにはこういうのもいいね！」で終わっても問題ありません。

こうやっていろんな色が塗り重ねられることで、イベントのグレードは毎回上がっていきます。毎月の全社会議のようなよくあるイベントも「うちの会社らしい、一味違うイベント」になっていきます。

イベントの幹事を持ち回りでやるのは、「会社を創る」というには大げさな、些細な貢献です。ですが社員目線でいえば「サービスの受益者になるだけでなく、時に提供側でもある」を体感する、大事な一歩なのです。カルチャー作りはトップダウンや一発花火ではなく、こういう積み重ねでできていくものだと思いませんか。

EXAMPLE

毎回味付けが違う全社会議

月に1回、全社が集う会議をしている。コミュニケーション促進が目的なので、名前はコミュニケーションミーティング。

会社の方針やノウハウの共有など、結構真面目な内容なのだが、いつのころからか、毎回の幹事が好きに味付けをするようになった。

○大阪のお客さんを支援しているチームが幹事団だったときは、吉本新喜劇風

○アメリカ視察帰りのチームは、英語＋アメリカテレビショーっぽいノリでＩＴトレンドを紹介

○ラップ回では司会がラップ調でアジェンダを紹介し、他の参加者も「韻を踏んだラップでカルチャーを表現し、ラップで発表」という無茶をさせられた

などなど。

新入社員が幹事の初々しい回もあるし、有志で社内活動をしているチームがまるっと幹事団をつとめる回もある。

上記のような味付けに凝る場合とは別に、あるテーマについて全社員でしっかり議論したいから、という理由で幹事を買って出るケースもある。基本的にコミュニケーションミーティングで議論することや時間配分は幹事に任せられているので、幹事に手間を取らせ

るかわりに、みんなの時間を占有させてもらうイメージだ。

先週は「リーダーの取り扱い説明書を寄ってたかって作る」というコーナーがあり、めちゃくちゃ面白かった。

○この人のコミュニケーションスタイルは？
○どんなフィードバックをくれる？
○こんなときに機嫌が良くなる
○最初こういうふうに苦労した

などなど。「最新テクノロジーの話を振るとゴキゲンでいろいろ教えてくれる」とか「良質な相談にはトコトン付き合ってくれるから、食らいつけ」とか、愛のあるコメントが多かった。

今後この人と初めて働くことになったら絶対読んだ方がよい！　というコンテンツが15分くらいで完成したので、成果としても上々だ。これも「社員数が増えたから、もっとお互いを知った方がいいよね」と考えた有志が勝手に企画してくれたコーナーだった。

コロナ以降は100%オンラインで開催しているが、デジタル掲示板ツールやパーティのように偶発的な会話ができるツールなど、毎回の幹事が工夫や実験を重ねている。こうした取り組みはお客さんとの仕事にそのまま活かせる。だから多少のおふざけも含めて、いろんな社員がいろんな味付けでやることに意味があるのだ。

ワチャワチャ幹事をやったら楽しくて――泉田さん

白川：泉田さんはいろいろな活動の幹事役を担ってくれているよね。

泉田：そうですね。社内の定番イベント（クリスマスパーティやオフサイトミーティングなど）だとか、南極ゼミ（ケンブリッジ社員が書いた本の輪読会）の幹事なんかをやっています。

白川：もちろん泉田さんも忙しいと思うけど、他の仕事と並行して幹事をやるのはなんで？

泉田：きっかけは入社間もないころにクリパ幹事に誘われて。そしたら普段は一緒に仕事をしていない社員とも仲良くなれたし、若手中心のチームでワチャワチャやるのが楽しくて。ワークアウト（次章参照）の幹事も、藪口さんからの一本釣りです。

転職してきたばかりのころは知り合いを増やした方がいいから、そうやって乗っかるのが大事だと思うんです。社内に顔が売れるし、強みが他人に伝わりやすいですよね。そうすると他の仕事をするときも、他の人が自分をうまく使ってくれるようになる。

だから以前「中途入社の心構え」をまとめたときにも、率先して幹事になろう、というのは書きましたよ（注：このようにちょっとしたノウハウを、他の社員のために文書化する活動も、よく自主的に行われる）。

あと、ファシリテーションの腕試し。ケンブリッジに入るとファシリテーションの技術を教わるけど、最初は下手だから、いきなりお客さん相手に試すわけにもいかないじゃないですか。抽象度の高い議論を捌く練習にもなりますしね。

精肉業界の内幕について語る泉田さん

白川：確かに、イベントの幹事としてファシリテーターだったときにやらかしても、しょせん社内だしね。オレもたまに全員オフサイトの幹事をやるけど、新しい議論の仕方を試す場にしているかな。ところで、転職する前から幹事とかやるのが好きだったの？

泉田：いや全く。前の会社は「お給料を払ってやっているんだから（その対価として）働け」というスタンスだったんですよ。そうなると、こっちも率先してなにかやる、という姿勢にはならないですよね。

あと、社員が自主的に仕事をするボランティアワークの文化（ジョブディスクリプションに書いていないことをやる文化）がそもそもない。もちろん飲み会とか、サークル活動の幹事をやっている人はいたけど、それは仕事ではなく、あくまで個人の活動なんで。

白川：そうか。他社には、サークル活動とガチ仕事の中間がないのか。ウチだと中間仕事はたくさんあるから、なにか不思議な感じもするけど。というか、そういう仕事は3年くらいのスパンで考えると、めちゃくちゃ会社のためになってる。〝勝手にやる〟というだけの話で、これもちゃんとした仕事なんだけどね……。

泉田：もし、前の会社で「幹事やりなよ」と言われても、やらなかったと思いますよ。なんでかというと、全く反応がない会社だったから。

長期研修で会社の改善を検討して、発表する機会があったんです。張り切って「製造の上流をこういうふうに見直せば良くなる」と発表したんですが、全く反応がなくて。「ふーん」という感じ。

そもそも、他者の意見に対してフィードバックする習慣がない。でも、後になって陰で言われるんですよ！「こないだの発表いまいちだったよね」みたいに。それが想像できちゃうんで、幹事とか提案とかはありえないですね。

白川：ふーむ。その会社の場合は会社を社員が創る制度の前に、風通しの良い風土とか、意見を言い合える関係性とか、カルチャーに手をつけないとどうにもならんね……。

気を取り直して、インタビューを続けます。幹事を経験して良かったことはある？

泉田：小さい会社と言えども、CEO、COOと気軽に相談できるのがいいです。幹事として相談に乗ってもらったり、ワークアウトで議論すると、それ以降も仕事のときにラフに話せる相手になるじゃないですか。

白川：確かにあなたの場合、オレに遠慮してる感じは全くしないもんな。いいことだよ。

泉田：個人だけでなく、会社に対しての度胸みたいなものも付きました。何かあれば「経営会議にかければいいじゃん」と思ってますから。

あとは、成長が速くなったと実感します。それまでやったことない役割でも、必要なタスクを想像して整理して……という面で鍛えられたり。さっき言ったファシリテーションの腕試しもそうですね。

年に1回くらいは会社の未来を考える

泊まりで真面目な議論をする全員オフサイトミーティングは恒例イベントのなかでも最も大切なものです。オフサイトとはその名の通り、普段仕事をしているオフィスを離れた場所で、普段とは違う長期的な観点で議論する、という意味です。

もともとはグローバル本社から独立した際、会社を再出発させるために全社員で熱海に行ったのが始まりです。その際に「こんな案件はもうやらない」「能力以上に、カルチャーにフィットしているか否かを基準に採用する人を選ぼう」など、その後の土台となる本質的な議論ができたので、以後、毎年恒例となりました。

議論にも、農業体験のアクティビティも

全員オフサイトがどんなイベントなのか、点描してみましょう。

○基本は1泊2日。家庭の事情などで日帰りの社員もいる。

○場所はたいてい首都圏近郊の合宿所など（慰安旅行ではないので、公共のキャンプ場みたいなカジュアルな場所が多い）

○毎回やりたい人が手を挙げて、幹事団が結成される。社員の社歴はさまざま。

○唯一のガイドラインは「会社の未来を考える場にする」

○それ以外のテーマや〝ノリ〟は幹事団がすべて好きなように決める。

○夜は飲み会。飲みすぎて翌日の議論で活躍できない社員が毎年発生する。

幹事団は毎年「今のオレたちに足りないものはなんだろうか?」「どういう未来の描き方をしたらワクワクするだろうか?」などと真剣に考え、テーマや議論の仕方を決めます。印象に残っている過去のオフサイトをいくつか挙げてみましょう。

1.「すべてのチームが1泊2日で何らかのプロトタイプを作りきる」をテーマにしたハッカソン型オフサイト。ハッカソンらしく一晩で作られたアプリはその後新規事業のタネになった。一方で別のチームは「新オフィスへの移転企画書」を一晩で作り、実際のオフィス移転につながった。

2.社員が増えて、全員のキャラや得意なことを把握できなくなってきたね、という課題感から行われた、全員TED型オフサイト。全社員が1人10分のプレゼンを披露。聴衆はフェス形式で好きなプレゼンを覗きに行く。事前に「あの人にこのテーマで語って欲しい」と注文し合うことで、同僚のナレッジを引き出す工夫も。ちなみにわたし自身は、このときにやったプレゼンを原型に、本を1冊書きました。

3.社内でカルチャーや方法論を磨いていくのは得意でも、社外から知恵を取り入れるのが下手だよね、というつぶやきから生まれた、外部ナレッジ吸収をテーマにしたオフサイト。多様な社外講師による「レゴを作ることで自分を発見する」とか「CMプランナーのしごと術」といった、自社にはない切り口が新鮮だった。

4.毎回、前向きなテーマで議論するけど、普段は大っぴらにできないような後ろ向きな感

「1つの案件にどっぷり専念」には利点だけじゃなく、問題も多いよね、を語る人々

情もぶちまけた方がいいよね、ということで行われた「毒毒オフサイト」。会社の屋台骨を支える中堅社員の抱える懸念があぶり出されて、さまざまな働き方の改革につながった。

といった感じです。オフィス移転や本の出版、新規事業など、直接的なアクションにつながる場合もありますし、数年かけて会社の方向性や経営方針を変える土台になる場合もあります。この章のテーマ「会社は自分たちで創る」の象徴のようなイベントがこの全員オフサイトなのです。

このような全社で議論する場は、ITベンチャーのような新しめの企業では増えてきていると思います。ただし、そのような会社では「会社の戦略を浸透させる場」という捉え方をして、経営陣が場を仕切っていることが多いようです。

全員オフサイトを経営陣ではなく、ボランティアで手を挙げた社員が企画することに大きな意味があると、わたし達は考えています。普通の社員が自らの問題意識にもとづいて真剣に企画するからこそ、経営陣には見えていなかった会社の課題があぶり出されたり、これまでの文脈を無視したチャレンジが生まれるからです。

よく「組織を変えるのはよそ者、バカ者、若者」などと言われますが、全員オフサイトは組織の中核である経営陣が運営にタッチしないからこそ、組織を変えたり、新しいものが生まれる土壌になっているのです。

わたし達の本業はコンサルティングですから、そうやってチャレンジした中から、お客さんにとっても有益なもの（新しい議論のテクニックや会社を良くする施策など）をピックアップしています。お客さんへのサービスでは冒険しにくいので、全員オフサイトという失敗が許される場で試してから、本業に投入する、という流れがあるのです。

なぜ社員は利他的なのか？

本章と次章では、社員が会社を良くする活動を自主的にやっている様子をさまざまな側面から描いています。皆さんの会社で真似をする際の前提になると思いますので、「なぜケンブリッジ社員は個人の利益ではなく、会社全体のために行動するのか？」について考えてみました。

ケンブリッジのような能力主義の会社では、終身雇用にくらべ、社員は自分の利益を最優先に行動する、と一般的には言われています。例えば後輩への指導がおろそかになり、期初に定めた自分の業績目標の達成に躍起になるなど。

でもケンブリッジではそうはなっていない。その理由を3つ挙げます。

利他を促進する評価基準

ケンブリッジ社員は後輩を熱心に指導するし、この章で書いたように会社全体への貢献にも熱心です。しかし人間ですから、もし人事評価制度でこれらの行動を一切評価しなければ、このような行動は下火になることでしょう。

ケンブリッジではこれらを人事評価に組み込んでいます。具体的に言えば、「同僚の育成」は人事評価の最重要項目の一つです。また会社を良くする活動（トレーニングを開催したり、各種イベントの幹事など）は賞与査定で評価します。

昇給や賞与を〝ニンジン〟としている、というよりも「頑張ったのに評価されないなんて！」とげんなりするのを防止するためです。

利益分配

1年間活動して利益が出ると、社員にも分配されます。「会社のために仕事をして、会社の業績が良くなったり、会社が成長すれば自分にもちゃんと返ってくる」というのは、単に理念だけではなく、お金の面でも成り立っています。

経営への信頼

ケンブリッジはGreat Place To Workの調査（働きがいのある会社調査）に毎年参加しています。初参加以来、頻繁にBest Companyに選んでいただいていて光栄なのですが、順位は他社との比較なのであまり気にしていません。それよりも働きがいを左右するさまざまな調査項目が適切な値かを毎年チェックしています。

その項目のなかで「経営陣への信頼」は他の項目に比べても比較的高い数字を毎年キープしています。これは「社員の貢献は、いずれ社員に還元される」と、みんなが素朴に信じているからだと理解しています。この信頼関係があってこその「会社は社員が創る」ですね。

あなたの会社でやるなら？

この章に書いた「社員がそれぞれ、会社を良くするために自主的に活動する」という状態に一足飛びにシフトするのは難しいと思います。わたし達の会社でも、第1回のオフサイト以降、15年ほどかけて、徐々にそういった文化が出来上がっていきました（今も完成形ではないと思っています）。

一つおすすめなのは、複数の「会社を良くする提案をする場」を用意することです。

写真は社員の誰かが書いたまま放置されていた図なのですが、「ウチの会社には提案の場がいろいろあるよね」をうまくまとめてあるので、感心して撮ってありました。

横軸は「ガチ～ゆる」の幅。「会社をこう変えるべき！」という真面目な提案から、「こうなったらいいよね」と社内掲示板に書き込むことまで、かなりの幅があります。

縦軸は「会社を変える活動を全社でやるか、個人でコツコツやるか」の幅。会社全体のルールを変えたり、全員に協力してもらう必要がある提案もあれば、「オレはこれがいいと思うので、成果が出るまで個人でやってみるわ」というアクションもあります（提案すらせずに、勝手にやるスタンス）。

これらの幅の中に、本書で紹介できないものも含めさまざまな仕掛けがちりばめられています（右上の〝ワークアウト〟については次章で詳しく説明します）。一つ一つの仕掛けを詳しく説明しなくても、「どんなスタンスであれ、会社に対する提案は全力で受け止めるぜ！」という心意気は分かっていただけるかと思います。

いまあなたの会社に「会社は自分が創る」という文化が全くないのであれば、一気に揃えるよりは、自社の文化に合っていそうなものを2つくらい用意してみてはいかがでしょうか。その際に、真面目な場とゆるい場、全社を動かすものと、個人で勝手にやるものをバランスよく用意した方がよいでしょう。

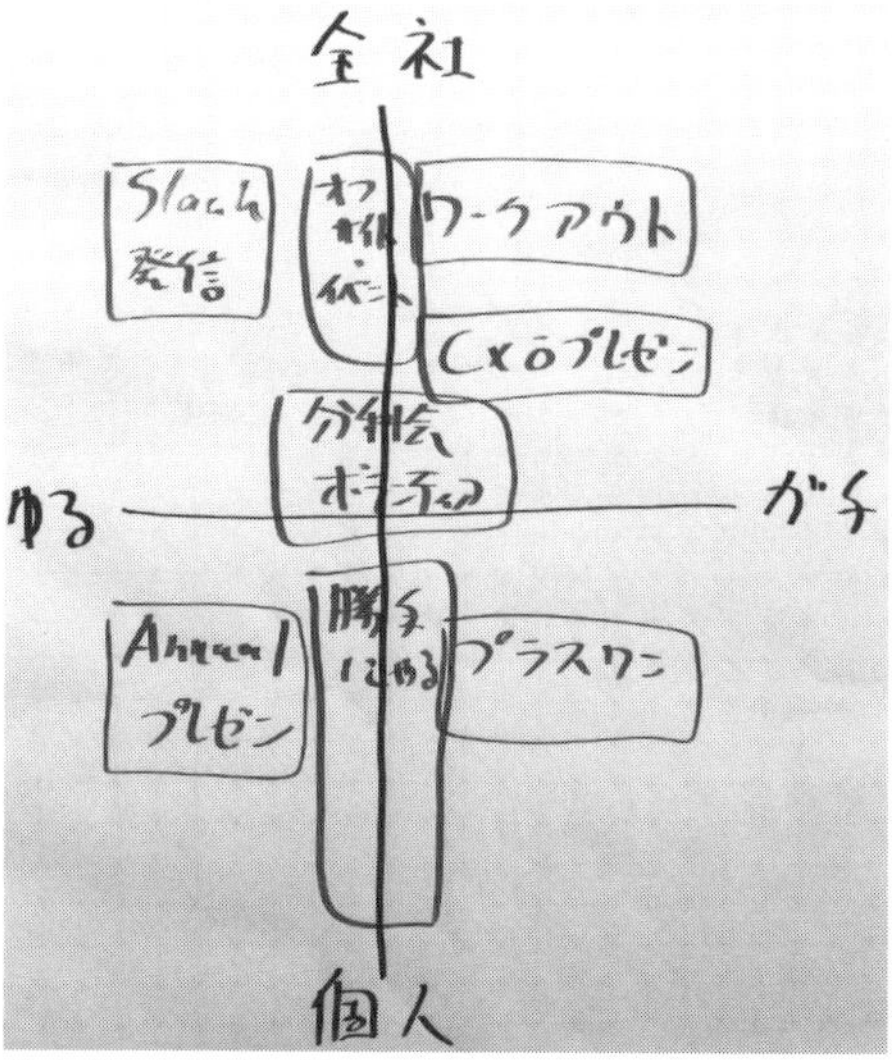

さまざまな提案の場

普通の会社よりもカジュアルな文化のケンブリッジですら、「会社のココが課題だと思うので、変えたい」と言い出すのは気後れするようです。実際に10年前のケンブリッジでは、提案の場は図の「CXOプレゼン」と「オフサイト」しか用意されていませんでした。

オフサイトは年に1回しかないし、全

社の話に偏りがち。「CXOプレゼン」の場である経営会議は毎週ありますし、誰でも提案に来ていいよ、と常々言っていました。しかし小さな会社とはいえ経営会議です。ピリピリとした真剣な議論が交わされる場に突撃するのは相当勇気が必要だったようで、提案件数は多くはありませんでした。

ところがハードルが低い場を作ってみたら、だんだんと「会社で変えたいことがあれば、提案すればいいじゃん」というムードができていきました。ハードルが低い場をいくつも用意することは、提案を歓迎する明確なメッセージになります。社員の側もちょっとしたことからカジュアルに提案したり、会社のためにコツコツ工夫することに慣れ、徐々に当たり前と思っていくようです。

多くの手段を用意しているので、どこで提案すればよいのか迷う社員もいるようですが、基本的に提案さえしてくれるなら、場はどこでも構わないのです。経営陣の方も決して「ココはふさわしくないので、別な場で提案しなさい」とは言いません。

とにかく社員が自発的に会社を良くしたいと少しでも思ってくれたならば、手段もタイミングも問わず、それを受け止めることです。

08 ワークアウトで会社を変えてもらう

前章では、社員が寄ってたかって会社を創っている様子を説明しました。この章の前半ではさまざまな仕掛けのなかでも、ずばり会社創りが目的のワークアウトという制度に焦点をあてます。

そして後半は実際にこれらの制度を活用して会社創りに参加している社員のインタビューを掲載することにしました。こういう活動は制度の紹介だけしても真似できないからです。その制度をボランティアで運営したり、使い倒している人々の言葉を通じて、なぜその制度がうまく回っているかを汲み取ってもらえればと思います。

ワークアウトという提案の場

ワークアウトはデーヴ・ウルリッヒらの『ＧＥ式ワークアウト』（日経ＢＰ）という本で学んだ、ＧＥ（ゼネラル・エレクトリック）で行われている制度を真似させてもらったものです。

○四半期に1度開催
○会社を良くする提案があれば、チームを組んで参加（毎回1～4チームが参加する）
○提案に対して、経営陣はその場で「採用／不採用」を決定しなければならない
○採用／不採用どちらであっても、理由が説明される
○運営はボランティアの〝ワークアウト幹事チーム〟が担う

GEでは選抜された社員が合宿所のような場所にこもって提案内容を検討する形式だったと記憶していますが、ケンブリッジではもっとカジュアルに、金曜日に誰でも参加可能な形で実施しています。

提案もSlack（社内コミュニケーションツール）上での「賞与額を計算するこのルール、今の働き方にマッチしていないよね……」なんていう何気ない会話がきっかけのことが多いようです。「じゃあ今度のワークアウトで提案しようか」「ワークアウト幹事にエントリーの連絡しておいて。代わりに、現行制度の調査はオレがやっておくよ」みたいなノリです。

いままでワークアウトに出された提案の一部をリストアップしてみます。

○お客さんに見せられないくらいIT環境がダサいので、全面的に今風にするぞ！
○株主の福祉会から脱退しよう！（支払い金額に比べてサービスを利用する社員が少ないから）

なにやら真剣にワークアウトへの提案内容を検討する面々

- 賞与計算の計算ロジックを変えよう（不採用）
- 仕事と育児の板挟みを解消するために、補助金制度を新設しよう
- オフィスの本棚に厳選された良書を買い揃えよう
- 福利厚生の一環として、田んぼの年間オーナーになろう（不採用）
- 人事評価で使うコンピテンシーに「Creativity」を追加しよう
- 新入社員を迎え入れる On-Boarding-Team を作ろう
- 掲げているミッションを廃止しよう（不採用）
- 海外支社を作りたい。そのための第一歩として調査出張に行きたい

こうして並べてみると、今では当たり前と

なっていて、以前の姿が想像できないような提案も数多くあります。「IT環境を全面的に今風に」は4年前の提案ですが、Before/After で会社が大きく変わった提案の一つなので、ワークアウトの雰囲気を伝えるために、少し詳しく説明しましょう。

EXAMPLE

IT環境を全面的に今風に刷新しよう!

わたし達はITに強いコンサルティング会社なので、顧客に対してITをテコにした改革を毎日のように提案しています。一方で自社のIT整備にはそれほど熱心ではありませんでした。

20年前から全社員にノートパソコンが配られ、どこからでも仕事ができる環境は整っていたのですが、それに満足していたのです。コンサルティングは労働集約的な産業なので、製造業における在庫管理や生産管理のような基幹システムが必要ない、という事情もあります。

とはいえ20年もロクに進歩していないと、さすがに世のトレンドからは大きく後れをとるようになってきました。そんなときに社内有志がワークアウトで「今のIT環境はお客さんに見せられないくらいダサい! 全面的に今風にして、働きやすくしたい!」と声を上げてくれたのです。

そのときの提案書を読み返すと、
○セキュリティの考え方や仕組みが時代遅れで、環境の変化に対応できていない
○人手やカルチャーに依存している、性善説的なＩＴ環境

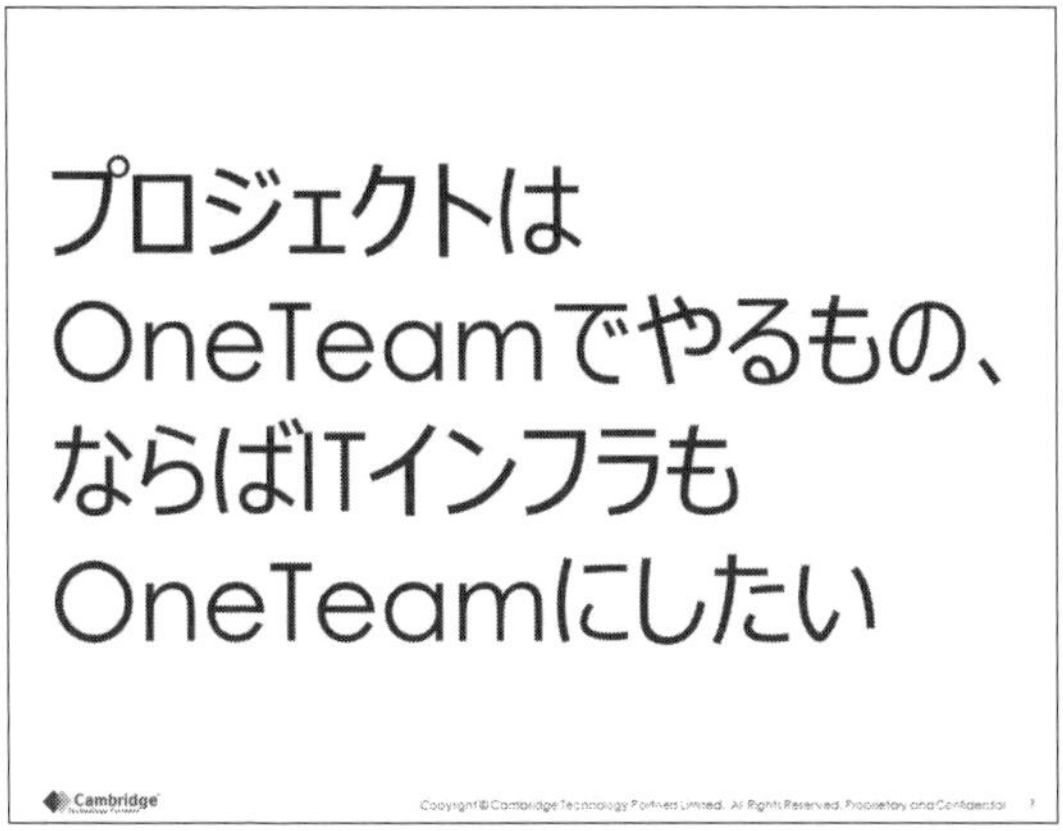

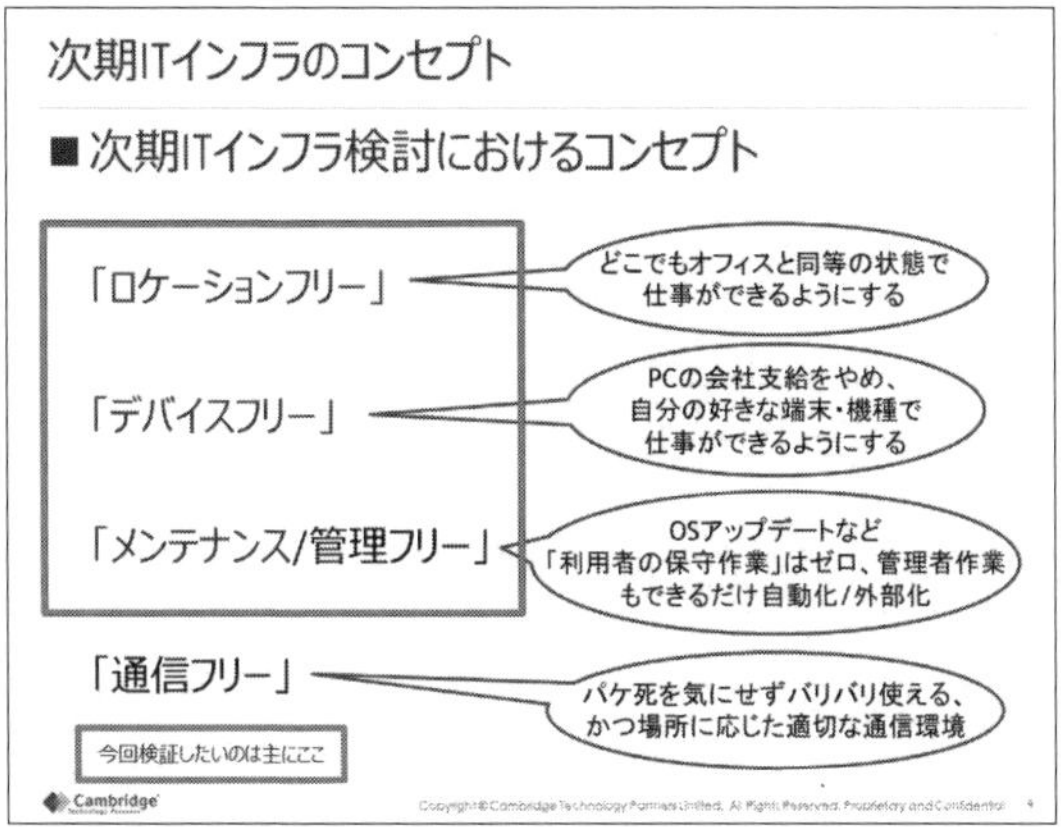

ワークアウトでのプレゼン資料

○便利な外部のサービスを活用しにくい
○お客さんとコラボレーションしにくい
などと、なかなか手厳しい。まさしく紺屋の白袴といった状態でお恥ずかしい限り。

そして「こんなＩＴ環境になったら、うれしくないですか？」という建設的な提案が続きます。

提案の一番の肝は「お客様とわたし達が垣根なく、１つのデジタルワークプレイス上でコラボレーションできる状態を作る」でした。

このワークアウトでは、
○「デジタルワークプレイスがどういうシステム構成で実現できるのか？　コストはどれくらいか？」を実証実験させてくれ
○それにはコンセプトモデルを作りたい
○そのための多少の人手とコストを負担してくれ
という提案でした。

もちろん提案は採用され、作ったコンセプトモデルにも手応えがありました。そこで本格的に予算をつけ、「次世代ＩＴチーム」が発足。２年ほどかけて一歩一歩理想を実現させていきました。

新型コロナがやってきたのは２０２０年2月。ケンブリッジがちょうど理想的な働き方に転換し終わった直後でした。顧客と密着しながらプロジェクトをファシリテーションするのがわたし達の強みでしたから、リモートワークは大きな脅威でしたが、彼らの活躍のおかげで、100％の在宅勤務でも顧客のプロジェクトを一切止めずにすんだのです。

この事例を読んで「あれ？　これって情シスの仕事じゃないの？　なぜ社員の提案を待つ必要があったの？」と思った読者もいるかもしれません。するどい。

わたし達は大きな会社ではないので、間接部門はごく少人数。IT担当者も日々の仕事に忙殺され、ビジョンを描く余裕はありませんでした。そういう意味でも紺屋の白袴だったのです。

どこの会社にもこういう「組織のエアポケット」みたいな領域はあるかと思います。ワークアウトのような社員提案の仕組みをつくることで、「自分の責任と思っている社員が誰もいない仕事」にスポットライトを当てることができます。

また、しっかりした情報システム部があったとしても、その組織が旧態依然のITをヨシとしていたら、進歩は停滞してしまいます。このように当事者からの改革が期待できない場合は、部外者が領空侵犯して口出しをすべきなのです。

そういう文化を創るためにも、ワークアウトは有効だと考えています。

ワークアウトでは〝なんでもアリ〟を浸透させる

ワークアウトで提案されたリストを見ると、軽いもの（本の購入や田んぼのオーナー）から重いもの（海外支社）まで、さまざまです。社員が実現したいことであれば何でもいいのです。社歴20年の人が提案することもあるし、新入社員が提案者になることもあります。

ちなみにいま、サンノゼにケンブリッジUS支社がありますが、これは数年前のワークアウトでの提案がきっかけになっています。もちろん実際に支社設立までには多くの努力が必要でしたが、最初は経営のトップダウンではなく、社員の「作りたい！」という声がきっかけでした。

このときに提案がなくてもいつかは支社設立をしていたと思いますが、5年ほど遅れていたことでしょう。また現在のUS支社の中心メンバーはそのときに提案してくれた社員。彼とは別に、自分は赴任しないけれども設立に向けて熱心に活動してくれた社員もいました。このようにワークアウトは、あるテーマに情熱がある社員を選び出す仕掛けでもあるのです。

わたし自身は提案をジャッジする側ですが、一社員としてちょくちょく提案側にも回ります。例えば「田んぼの年間オーナーになろう」はわたしが言い出しっぺとなって提案チームが

その場でOK、NGを明言するのも結構プレッシャーです

できました。子供がいる社員も増えてきたので、1年かけてみんなで米作りをしたら食育にもなるし、社員同士や家族のコミュニケーションも活発になる。お米ができたら社員やお客様に配れる。他の福利厚生制度より楽しそう。一石五鳥くらいでは⁇

……といった感じで提案チームは盛り上がったのですが、「それ、ウチの会社でやる意味ある？」「参加する一部の社員しか嬉しくないのでは？」などの声が多く、結局否決されてしまいました。とほほ……。

不採用は残念ですが、「なんでも提案していいんだよ」「否決されたからといって、別に恥ずかしいことではないよ」ということを示すために、こういうちょっと突飛な提案を経営幹部が率先する意義はあると思っています。

賛成、反対の理由をきちんと説明する

採用／不採用の判断基準は、会社のリソースを使うか使わないかで大きく変わります。リソース（お金や人手）を使わないならば、好きにやってみたら？　の精神で、たいていＯＫとなります。リソースを使う場合は、Principle に沿っているか？　リソースを使うだけの効果を生むのか？　が厳しく問われます（お金よりも人手の方が貴重な資源なので、より厳しく判断されます）。

この手の社員提案制度がある会社の人事部などに話を聞くと、「せっかく社員が提案してくれたので、制度を活性化させるために、すべてＯＫにするのが基本です」という声も聞きます。ケンブリッジでは提案は必ずしも毎回採用とはなりませんし、その必要も感じていません。社員が自分の身の回りだけを見て提案しているので、全社としては採用すべきではない提案が一定数含まれるのは当然です。逆にもし採用できる提案ばかり集まるようだと、それは大胆に会社を変えるようなアイディアを取りこぼしているのかもしれません。したがって不採用自体はよくあることなのですが、採用にせよ不採用にせよ、判断の理由を合理的に説明すべきです。

理想は Principle にもとづいた説明ですね。例えば「Pay For Performance の原則に反して、

一部の社員だけを優遇することになってしまうのでNG」「ノウハウをオープンにする、という原則にマッチしているので、気にせず社外の方もトレーニングに招待していいよ」といった具合です。

経営陣の方も、これまで考えもしなかった提案をいきなりぶつけられるので、判断に迷うときもあります。そのときはどういう点で悩むのか、どの点がポジティブで、どの点がネガティブなのかをオープンに語ることを大事にしています。

5章「ファシリテーションで経営する」や6章「原理原則で経営する」でも強調したように、こうすることで、経営判断の基準や考えるプロセスを全社員が理解できるようになるからです。いずれ全社員が同じ基準で経営判断できるようになるのが理想です。

社員は自分の提案が採用か不採用かで一喜一憂するだけではありません。たとえ不採用と言われたとしても、それが経営として一貫性や合理性のある判断であれば納得し、より経営方針への理解を深めてくれるものです。

INTERVIEW

とにかくハードルを低くすることを考えた――藪口さん

白川：第1回からずっと、ワークアウトの幹事をつとめてくれていますね。定着させるにあたって工夫していたことはありますか？

藪口：2つあります。一つは長く続く仕掛けにしたかった。だから誰でも、それほど苦労せずに幹事ができるようにしました。例えば年間スケジュールは年初に決めてしまいますし、当日の運営の役割分担やスケジュールも固定です。あまり凝った運営にはしていません。開催し続けることが大事なので。

もう一つは、提案することのハードルを低くしようと思っていました。事前に何時間もかけて準備するのではなく、2時間ほど議論してアイディアを整理すれば提案できるイメージです。

小さな変化もワークアウトから出てきて欲しいので、本棚の拡充やオフィス利用のグラウンドルールの見直しみたいな、ウチの会社のカルチャーなら本来、勝手にやっても許されるようなことでもワークアウトで提案してもらえているのは狙い通りですね。

そういう意味では、幹事であるわたし自身も「コミュニケーションミーティングでのカルチャーコーナー復活」という提案をしました。これも勝手にやってもよかったのですが、活性化のためにあえてワークアウトで提案しました。

白川：新入社員が提案するときもありますよね。

藪口：そうそう。入社前の内定者が提案してくれたときだってあったんですよ！

提案のハードルを下げるために、形式を問わないのも大きな特徴だと思います。他社では社内コンペみたいにきらびやかにやるケースもありますが、それよりも気軽さ重視。

プレゼンのうまさなんて誰も気にしていませんが、その辺りもコンペ形式ではなく、ウチの会社らしいと思います。「この提案は会社にとって役に立つの？」という中身を参加者全員が考えています。

忙しくてもいつもにこやかな藪口さん

白川：ワークアウトって、提案者と意思決定者だけでなく、ぶらっと覗きにくる社員も結構いますね。

藪口：なるべく多くの社員に来てもらうことも意識しています。コロナ後はリモートでの開催になりましたが、参加者が増えたんですよ。今まで関心があったんだけれども、お客様との会議などで来られなかった社員が案外多いことが分かりました。

　参加者が増えると、提案に対して多様な意見が集まるのがいいですね。「そんな制度、わたしは使わない」とか。もちろん社員も一枚岩じゃないので。

白川：ワークアウトを始めてから4年以上経つけ

ど、会社は変わったかな？

藪口：「会社は自分たちで創るもの」が常識になったと思いますよ。多くの社員が「全員に変える権利がある」とか「経営者や管理職と一般社員の垣根はない」みたいなことを理解していると思います。

それに猫の手サポート（育児支援）とか次世代のＩＴインフラ構築みたいに、経営陣からは出ないアイディアが実現できているのも嬉しく思っています。高いところからものを見て経営している人のアイディアだけだと、偏るので。

能力を発揮できる場所を作りたくて――広沢さん

白川：今回話を聞こうと思ったのは、広沢さんがお客さん向けのコンサルティングワークをしているのと並行して、めちゃくちゃアグレッシブに会社を良くする提案をしたり、実際にモノを作ったりしてるから。常々すげぇ……と思っていて。

広沢：たしかに、ワークアウトに出したものだと次期ＩＴ環境プロジェクト（前述）、そしてTechnical Architect（ＩＴスペシャリスト的な職種）新設の２つがあり、どちらも今では当たり前になっています。

あと、ワークアウトにも出さずに勝手にやっている活動としてはKnowledgePortal（社内の知財の検索ツール開発）、Fukko（新入社員研修の次のステップとなる研修シリーズ）、LECO（トレーニングボランティア促進システム。12章参照）などがありますね。

白川：改めてリストアップすると、一つ一つがどれもすごい。原動力はなんですか？

広沢：会社に入ってしばらくは自分の成長に苦しんでいて、「自分の得意なことをもっと活かしていかないと立ち行かない」「そういう場所を作らないとだめだ」という思いを持つようになりました。

　というとネガティブに聞こえるかもしれないけれども、会社にとってメリットがあることと、自分がより価値を出せることや、働きやすいことが重複している部分で何かできないかと前向きに考えていました。

　自分の場合はケンブリッジの他の社員よりも技術的なことが好きだし、得意だった。そしてケンブリッジのビジネスとしても、それをもっと強化する必要があった。だから提案していったわけです。

　そう言うと大袈裟だけど、自分の意見で会社が変わるのって単純に嬉しいです。それに、自分で「やる」と言ったものはより一層モチベーションが湧くんですよ。言われたことを受け入れてやるよりは。

白川：僕もそっち側の人間なので共感します。広沢さんはもともとそういうマインドで働いていたんですか？　例えば転職してくる前とか。

広沢：前職時代は「会社への提案」なんて、全くしたことないですね。周りの人もやってなかったし。
白川：え？　そうなの？　それは想像できないな。当時「提案してよ」と偉い人に頼まれていたら、やったと思う？
広沢：やらなかったと思いますね。心理的障壁をとてつもなく高く感じていたんですよ。説得資料を作るのが大変だし、反対される様子がありありと想像できるし……。それを乗り越えてまでやれ、と言われてもちょっと……。
　ケンブリッジのワークアウトだと、かっちり企画が固まっていなくても、10％レビュー的な感じで「前に進める価値があるか？」を議論できるじゃないですか。
白川：綿密に企画書を書く手前に、「これ、会社としてアリですかね？」みたいな段階で方向性確認できるのは大きいかもね。他社の場合、経営会議への提案はもちろん、アイディアコンペみたいな場でも、完成度80％くらいの企画書とか、費用対効果分析や見栄えのいいプレゼンみたいなものが求められ、その挙げ句に「そもそもダメ」と言われるとガックリする。
広沢：あと、評価制度も大きいですよ。ケンブリッジではお客様からフィーをいただくお仕事以外のこういう活動での貢献を、賞与の評価で加点してくれるじゃないですか。
白川：え？　アレ意味あったんだ。賞与はまあ、「会社を創る活動も評価しないと公平じゃないよな」というくらいの感覚で反映させてるんですよ。ぶら下げたニンジンみたいに、アレに釣られて自主的に活動する社員はいないのかと思ってた。

広沢：いや、ちゃんと評価やボーナスに反映されるところも、めっちゃ重要です。例えばFukkoは毎週実施するゼミ型トレで体力的にもとても大変なトレーニングなんですよ。

評価のためにやっているわけではないのですが、全力を注いで価値を出したと自分が思っていることがちゃんと評価されると、自己満足ではなく公式に評価されているのだと報われる気持ちになります。

白川：ああ、ニンジン効果というよりも、経営学でいうところの〝衛生要因〟かもしれないね。みんなカネのため、というよりも「会社が良くなるなら」と思ってやるのは確かなんだけど、一方で全く評価に反映されなかったらガクッとやる気を落とす、みたいな。

広沢：そうだと思います。あと別な話として、自分が成長できるからやっている、という側面もあります。例えばFukkoの場合、トレーニングの受講生に教えるのはもちろんですが、AWS（Amazon社が提供するインフラサービス）のことを体系的に整理して学び直したかったからというのもありました。おかげで5年間、AWSに触れる良い機会になりました。

白川：こういう話を本やブログに書くと「ウチには自主的に会社を良くしてくれるような社員なんていない」という反応が返ってくるんですよ。でも広沢さんの話を聞いていると、

休日もアクティブな広沢さん

潜在的にはどの会社にもいる気がしてくるね。

　でも会社の側が①提案のハードルを下げる、②ちゃんと評価や金銭でも応える、③〝一緒に創る側〟に徐々に巻き込んでいく、みたいなことを丁寧にやっていかないと、そういう人は潜ったまま。

広沢：はい、多分ケンブリッジではない会社でもできると思うけど、ケンブリッジはやりやすかったんです。わたし自身もこういった活動を通じて、会社に雇われているという感覚から、自分で会社を創っている感覚になりましたね。

あなたの会社でやるなら?

前章の最後にも「会社を社員が創る、をあなたの会社でやるには?」について書きました。この2章を読んで「自分の会社と乖離しすぎてピンとこない」という読者もいるかと思います。でもそれって、経営学的には説明がつかないことなんです。長期雇用、年功序列の日本企業では、本来こういう活動が根付きやすいはず。なぜならずっと勤める会社が良くなれば、長期的に自分に見返りがあるから。

でもわたしの知る限り、古くからある日本企業で「会社を社員が創る」が浸透しているケースはありません。今から始めたとして、すんなり根付く様子もあまり想像できません(むしろ新興のITベンチャーのような会社の方が想像しやすい)。

もしかしたら、古き良き日本的経営ではできていたのに、この20年ほどの成果主義の導入やコストカット(残業規制含む)の結果、指示された仕事以外に目を向ける余裕が、根こそぎ奪われてしまったのかもしれません。

組織全体に目を向けると、社員の提案を受け入れる度量のなさや、失敗を恐れるカルチャーも難しさを助長している気がしてきます。

悩ましいですね。社員目線では本来、シンプルな話なんですよ。「自分が過ごす組織なのだから、良い環境になるように、仕事が楽しくできるように、本業以外の時間をちょっとずつ割こうぜ」というだけの話なので。

こういう状況を打開し、会社創りに社員に参加してもらうヒントは、ウチの社員たちへのインタビューにちりばめられています。

- 提案するハードルを下げる
- ハードルを下げるためにも、複数の手段を用意する
- 「形式より中身重視」の精神
- 自主的に活動したことに対してフィードバックする（意見、感想、感謝……なんでもいいのでまっすぐ伝える）
- 評価や待遇にも反映させる（ニンジンというより、評価していることを示す）
- 社員の強みを活かす場を用意するのが経営の仕事

そしてもう一つ、これまで触れてこなかったことがあります。それは社員の自主的な活動で会社が少しでも良くなったら、それを積極的に口に出すことです。

ケンブリッジでも「いままで全員オフサイトでこんなことが生まれてきた」「ワークアウトが発端で会社が変わったこと一覧」「わたし達の会社は自分たちで創ってきた」とことあるごとに言うようにしています。

要は「会社は創りたい人たちが自分たちで創るものだ」の精神を当たり前のことにしてしまうのです。「オレたちって、もともとそういう会社だよね」というくらいに。

そのためにも、まずは些細なことでも一つ実現させることから。社員が会社を良くした、という実績を積み上げるしかないのではないでしょうか。

09 薔薇色だけではない

この本ではこれまで「社員のことを真っ先に考える」「何ごとも話し合って決めるオープンな社風」などの話を紹介してきたので、働きやすそうな会社だというイメージを持った読者も多いと思います。またHave Fun!!な様子も紹介したので、「みんなでイベントの幹事をやったりして、大学のサークルみたいな仕事ぶりなのかな?」「この会社に入ったら成長させてもらえそう」という印象もあるかもしれません。

それはそれでありがたいのですが、そういうノリを期待して入社しても、きっと幸せな仕事人生はおくれないと思います。なぜなら社員ファースト経営も、それを実践しているケンブリッジもそこまでお花畑一辺倒ではないからです。もしそうだったら社員の多くは物足りなくて辞めていくでしょう。

この章では社員ファースト経営で誤解されがちなことをきちんと説明したいと思います。仕事で辛いこともあるし、避けては通れないジレンマみたいなこともあります。そしてケンブリッジだってうまくいっていないこともあるので、そちらにも触れたいと思います。

それらは社員ファースト経営の注意点みたいなものですので、あなたの会社に合った社員ファースト経営を考える上できっと参考になるでしょう。

理想と現実

薔薇色だけではない、という章なのでまず最初に「この本に書いたことすべてが、完全に実現できているわけではないよ」という話を書きましょう。つまり理想と現実のギャップです。

本業である変革プロジェクトで理想通りにいかないケースとして問題となるのはお客様との関係です。3章「仕事を選ぶ」で詳しく説明したように、わたし達は仕事をかなり厳選しています。「どんなお客様とともに、どんなチャレンジをするのか」が社員の働きがいに直結しているからです。「良いお客様を選ぶ」というほどおこがましいことを言っているつもりはなく、「合うお客様と一緒に仕事した方が、双方ハッピーですよね」という意図です。

ただそれは理想であって、必ずしも相性バッチリな関係ばかりではありません。例えばプロジェクト開始前に今後のワークスタイルについて語り合い、意気投合していたお客様の担当者が急に異動になってしまうケース。契約書に明記できる金額や期日のような〝条件〟とは異なり、ワークスタイルや人間としての相性みたいなものが後任の方に引き継がれることは、残念ながらまずありません。

そういう状態で「コンサルさんって普通こうですよね」「こんなやり方、ウチの会社では許されません」などと一方的に決めつけられると、厳しいプロジェクトになっていきます。パワハラ的な言動をする方がプロジェクトに後から参加してきたり、プロジェクトの成功に直結しない社内政治的なことに巻き込まれるケースもあります。

ケンブリッジの社員はよく言えばピュア、悪く言えばナイーブで「お客さんのために正しいことをする」にまっすぐ向かえない環境で長く仕事をしていると生気が失われていきます（同業他社で働くコンサルタントの多くは、お客様から理不尽なことを言われてもいなすスキルを磨いたり、鈍感力を発揮して無視することに長けた人が多い印象です。お客様や仕事に思い入れを持ちすぎずに割り切り、自分を守るのも一つの方法ではあります……）。

とはいえ、一度始めてしまったプロジェクトなので、話が違うといって簡単に放り出すわけにはいきません。お客様と改善策について話し合いを重ねます。社員を守るためなのはもちろんですが、わたし達が大切にしているワークスタイルはお客様のプロジェクトを成功させるための方法なのですから、お客様にとっても必要なことです。例えば、罵倒が飛び交うプロジェクトで明日の会社を創造するなんて、うまくいかないですよね？

しかし頭では理解してもらえても、組織や個人に染み付いた行動様式は簡単には変わりません。長期にわたってこのような状況から脱出できない場合もあります。

つまり「自分たちはプロジェクト成功請負人として、お客様のために全力を尽くす」と「社員ファースト経営として、社員が活き活きと取り組める仕事ばかりにしたい」の2つの間で、ジレンマが発生するのです。

このジレンマは会社にとって悩ましいものです。「売上と社員の働きがいだったら後者を優先する」というのは、社員ファースト経営の大原則ですが、「プロジェクトの成功請負人である」というのは、自分たちのアイデンティティであり、（短期的な売上と違って）こちらもそう簡単に捨てるわけにはいかない。

また、悩ましいのは会社だけではありません。お客様との関係に苦しんでいる当事者である社員自身には、顧客ファーストが染み付いています。だからプロジェクトの現場で日々仕事をしながら「このプロジェクトを遂行することは、お客様にとっても正しくないのではないか？」「このお客様はあまりに Respect に欠けているのでは？」などと感じていたとしても、仕事は投げ出しません。

わたしのような経営幹部が「ひどいパワハラを改善していただけないので、このプロジェクトから撤退すべきだと思う」と言っても、「最後までやらせてください！」という社員が多くいます。

ケンブリッジの場合、このジレンマが社員ファースト経営をする際に一番悩ましい問題です。皆さんの会社がコンサルティング会社でなかったとしても、何らかの形でこの種のジレンマはあることでしょう。大切な価値観同士のせめぎ合いなので、分かりやすいルールでバッサリと意思決定するわけにはいきません。経営会議のなかで、ケースバイケースでじっくり議論をし、悩みながら判断しています。

EXAMPLE

パワハラ対策を社員が提案

この章で書いたように、お客様のパワハラ気味のコミュニケーションに苦しんでいるプロジェクトがありました。素晴らしかったのは、そのプロジェクトが終了した後のこと。全員オフサイトミーティングにて、当時のプロジェクトメンバーが「お客様にとっても自分たちにとっても不幸な、あのようなプロジェクトをどうやったらなくせるだろうか？」というテーマで議論してくれました。

そして翌週のマネジメントミーティングで早速対策案を提出。スピード感が素晴らしい！

プロジェクトを開始する前に、お客様のコアメンバーとケンブリッジメンバー全員が「互いに Respect して、プロジェクトを成功させる秘訣」というトレーニングを受講する、という提案でした。

単にパワハラが嫌だから、というのに留まらず、Respect（頑張っている同志として、所属する会社を問わず、お互いを尊重する）はプロジェクトを成功させるために絶対に必要な精神です。

お客様も忙しいので、こういったトレーニングへの参加を同意してくれないケースもあるでしょう。でもそれは、ある種の踏み絵として機能します。数時間すら費やす価値がRespectにはない、と考えているのであれば、最初からお仕事をしない方が双方にとって幸せかもしれません。

8章で「会社は創りたい人が創る」について書きました。この事例も、苦しんだ当事者が「今後こういうプロジェクトが生まれないために」と主体的に考えてくれた結果です。手前味噌ですが、こういう姿勢は本当に素晴らしいと思います。

仕事は厳しく、しんどい

当たり前ですが、ケンブリッジで仕事をするのも大変です。難しいし、ある種のしんどさもある。どんな仕事でも楽ではないと思うので、それ自体はわざわざ本に書くほどのことではありません。とはいえケンブリッジを含めて比較的新しい企業での仕事での大変さは、昭和や平成の時代にサラリーマンが焼き鳥屋で愚痴っていたような大変さと質が違ってきています。「理不尽な上司と部下の人間関係などを極力排除した先にある仕事の大変さ」を考えるために、わたし達が抱える仕事の大変さを少し紹介しましょう。

仕事のしんどさ❶ ─ そもそも変革プロジェクトが難しい

わたし達が取り組んでいる「顧客企業での変革プロジェクト」がそもそも難しい仕事です。今も昔もプロジェクトの成功率は低い（統計があるシステム構築のプロジェクトに限れば、小規模プロジェクトでは成功率60％程度。3年を超える大型プロジェクトになると16％しかない）。

厳しいスケジュールやコストの制約を課せられ、お客様からの目も厳しい（コンサルタントがヌルい仕事をしていると即プロジェクトが失敗するのだから当然です）。どんな仕事にも特有の厳しさがあるでしょうが、変革プロジェクトで働くこと自体が難易度が高くプレッシャーが高いので、残念ながらコンサルティングやＩＴの業界ではメンタル不調者も出てしまうのは事実です。

仕事のしんどさ❷ ─ リーダーシップやオピニオンが求められる

コンサルタントというのはお客様に影響を与える仕事なので、常にリーダーシップやオピニオンが求められます。だからそういうことが得意で苦にならない人がなる職業ではありますが、就職活動のときに本当の適性を自分で見極められていないケースもあります。本当はコツコツと一人で仕事に向き合う方が得意だったり、誰かに指示してもらう方が楽だ、というコンサルタントも一定数います。

以前、半官半民の企業から転職してきた社員が「転職して2、3年の間は、ぶっちゃけ、偉い人が〇〇しろって言ってくれねぇかなぁ……と思ってました。そっちの方が楽なので」と言っていたのが印象的でした。

「お客さんのためを思ってのことですが、同僚がガチで言い争いをしているのを見るのが苦手です」という社員もいます。さらには「Have Fun!!でいなくては、お客さんにHave Fun!!を提供しなきゃ、というプレッシャーを感じてしまって……」という人もいるのです。

そうなると毎日のプロジェクトワークが結構しんどいものになりますよね。

仕事のしんどさ❸ OPENな社風

「何ごとも隠し事がないOPENな社風」というと、しんどさとは無縁に聞こえます。でもわたし達がOPENな社風なのは「そうしないと変革プロジェクトが失敗してしまう」という切実な理由からきています。チームの誰かがうまくいかない仕事を抱え込んでいて、スケジュール的にどうにもならない時点でそれが発覚したら、プロジェクト全体が破綻する。だからOPENにならざるをえない。

逆に言うと、OPENでない姿勢（情報を抱え込みがち）は許容されません。「アイツはそういうタイプだから」もナシ。仕事の進捗状況はもちろん、自分の弱点やその時々のモチベーションレベルまで共有することが求められます。すべて仕事の成否に直結しているから。結果として、転職後にこのカルチャーに戸惑う中途入社の社員は多くいます。別に隠しているつもりはなくても、ＯＰＥＮ度合いが足りない。マインドの問題だけではなく、「自分が陥っている状況を的確に他人に伝えるスキル」や「適切なタイミングで他人の助けを借りるスキル」をこれまで磨いてこなかった、という能力の問題もあります。

そういうワークスタイルの違いは結構ストレスのタネになりますよね。

仕事のしんどさ❹ ―― 横並びではない

新卒を大量に採用し、横並びでステップアップさせる、いわゆる年功序列的な人事制度と決別した会社がかなり増えました。特に創業20年未満の新しい会社は、ほとんどが能力主義と言っていいでしょう。ＩＴ企業やガツガツ営業するような会社には、年功序列はトコトン合わない、という切実な理由があります。ケンブリッジの人事制度も年功序列要素はゼロ。完全な能力主義です。

しかし完全な能力主義にはある種のしんどさが内包されています。例えば同期と給与が2倍違う、みたいなことが普通に起こるんですよ。他人と比較して一喜一憂するのではなく、自分なりのスピードで成長するしかない、というストイックな姿勢が必要です。

仕事のしんどさ❺ 自分で責任を背負うしかない

能力主義である以上、人事評価は大変な労力を注いで公明正大に行っています。だから「上司がオレのことを評価せずに、アイツばっかり取り立てやがって……」と焼き鳥屋で愚痴を言わずにすみます。

でも同時に、思うように昇進できなかったとしても、上司を恨めません。「人事評価で指摘されたように、たしかにオレはこういう能力が足りないよな……」と思い知らされますから。こういう意味でも、自分と向き合わざるを得ません。

かつての焼き鳥屋での愚痴の定番は「上司が無能なせいで仕事がうまくいかん」でした（大昔に「ベンチがアホやから野球ができん」と啖呵を切って辞めたプロ野球選手がいたそうですね）。

でも令和の価値観で仕事をしていると、仕事がうまくいかないのを上司のせいにできた昭和・平成のサラリーマンはお気楽だったなあ、と感じてしまいます。上司は必ず自分よりも優秀だから、上司のアラを見つけることも難しいからです。それどころか上司は成果があがるように、精一杯サポートすらしてくれる。それでもうまく仕事をやれないならば、もう自分の能力不足に向き合うしかありません。

この手の、自分で背負わなければならない辛さ、ピンとくるでしょうか？

高度成長の一時期、日本企業が年功序列を採用していたのは、その方が大多数の社員にとって長期間モチベーションを維持しやすかったからです。逆に言えば、能力主義には（年功序列にはなかった）特有のモチベーションの阻害要因（しんどさ）があるのです。

会社や同僚は成長を願って全力でバックアップしてくれるけれども、努力するかどうか、努力した結果成長できるかどうかは、結局は本人次第です。

いかがでしょうか。営業ノルマを達成できなくて詰められるとか、仕事をミスしてネチネチ叱られるのとは少し質の違うしんどさを想像してもらえたでしょうか？

逆に言えば、このようなしんどさを避けられないのだから、それ以外のどうでもいい仕事のしにくさ（例えば育休が取りづらいとか、いじめ的な行為）は極力なくし、働きがいを最大限感じられるように配慮し続けなければ、組織がもたないのです。

主体的な人でなければ合わない

ここまで読んできてなんとなく感じ取ってもらえたと思いますが、社員ファーストの会社は万人にとっての楽園ではなく、合わない人はとことん合わない会社です。

合わない理由ははっきりしています。「顧客ファーストな人」かつ「自分から主体的に行動する人」でないといられない会社なのです。つまり、真摯なプロフェッショナルであることが強烈に求められます。そうしなければただの馴れ合い経営になり、結局は社員ファーストなどと言っていられなくなるからです。

だから顧客ファーストや主体性が希薄な人にとっては居心地が悪い。もともとある仕事の厳しさをダイレクトに感じてしまう。この「社員は顧客ファースト」については、次章で詳しく書きます。ここでは「自ら主体的に行動する人」について考えてみましょう。

思い返して欲しいのですが、ここまで書いてきたことは、ほぼすべて「社員が自らやっています」というトーンだったかと思います。

○指示された仕事をこなすのではなく、「どうすればこの変革が成功するか?」を考えるのが仕事

○はじめから楽しい職場なのではなく、「自ら楽しさを見出していくのがHave Fun!!」（2章）

○新入社員のときから場をファシリテーションさせられる（5章）

○会社が自分を育ててくれるのではなく、自分のキャリアは自己責任（12章）

○そもそも会社は誰かが創るのではなく、自分たちで創る（7章、8章）

などなど、「誰かがやってくれる」ではなく、すべて「自分で考え、自分でやる」という前提です。1章でも強調したように、「社員ファーストの会社」と言っても、実は会社が社員になにに

かを与えてあげる、という構図ではなく、むしろ社員が自ら動く会社なのです。社員が自主性を最大化するのが社員ファースト。会社はそれを応援し、邪魔をしないことに徹する。

普段の仕事でも「とにかくオーナーシップが重視される」という特徴があります。曖昧な作業指示ではなく、「この仕事を君に任せたので、しっかりやり遂げて欲しい」と一人一人に明示的に仕事を渡しますし、社員も「この仕事は自分の仕事」と強く意識しながら仕事をしています。これがオーナーシップです。

新入社員も例外ではありません。初めはスキルが不足しているので、いきなりプロジェクトの成否を左右するような仕事のオーナーシップを握れ、とは言われません。新入社員がオーナーとなる典型的な仕事は、ドキュメントコントローラーと呼ばれる、お客様へ納品する資料をまとめ上げる役割です。業務分析やお客様への提言などの中身を作る仕事はベテランコンサルタントが担うのですが、それらの検討結果をまとめ、体裁を整え、レビュープロセスを回し、期限までに納品することに責任を持ちます。

この仕事を遂行するためには、先輩や上司にあたるコンサルタントに対しても指示を出さなければなりません（〇〇日までに最新の資料をこのフォルダに格納してください！）。時に催促も必要です（納品日から逆算すると、今日中にレビューしてくれないと困ります！）。

オーナーシップといっても、すべての仕事を自分一人でやる必要はありません。新入社員なのだから、高度な検討や資料のレビューはどうせできませんから。そうではなく、他人をこき使うなど、あらゆる手段を使って仕事を完了させるのがオーナーシップです。

この例のような小さな仕事であっても、オーナーシップを果たすためには、100%主体的な姿勢が求められます。こういう小さな役割を通じて「オーナーシップを果たすために、主体的に考え、動く姿勢」を学んでいきます。そして仕事の成否の結果を引き受けるのも自分。

こういう具合ですから、主体的に考え、動く癖が身についていない人は、多少賢かったとしても、いい仕事はできません。そして他責思考が染み付いていると「納期に間に合わなかったのは、先輩の指示が曖昧だったからだ」などと考えてしまい、自分の能力を伸ばしていくことすら難しくなります。

白川のつぶやき

自分は顧客ファーストか？　主体的か？

人は案外自分のことを理解していないものだ。

自分が十分顧客ファーストか？　主体的な人間なのか？　つまりケンブリッジに合っているのか？　というのは、入社してしばらく仕事をしてみるまで本当には分からないようだ。

昨今は「受け身で仕事をするな。主体的であれ」という規範が世の中にあふれている。だからもし自分の主体性が貧弱だったとしても、それを受け入れたくない強いバイアスが働いている。また就職活動の面接で「いやー、わたしはあんまり主体的じゃないんで」とは口が裂けても言えない。言えば落ちるから。

ちなみに、わたし自身は、自分のことを顧客ファーストとも主体的だとも思っていなかった。採用面接でそういう自己アピールをしたことは一回もない。特に顧客ファーストの方は、今でも自信がない。でもお客様を含め、他人からは顧客ファーストだと言われることが多い。「このお客さんはどうすればもっと良い会社になるだろうか?」を考え続ける姿勢などを評価してくださっているらしい。

おそらく真の性向というのは「外部から求められているから顧客ファーストや主体的であろうと努力する」というものではなく、自分自身に内在するものなのだろう。自分の深い所にあり、自分としては当たり前なので自覚できない。厄介なものだ。

入社後の困難

これまで説明してきた仕事のしんどさに、一番直面しやすいのが中途入社の社員たちです。1対1で面談したときなどに「入社後1、2年は苦労しました。精神的にもキツかったです」と吐露してくれる中途入社社員は結構います。一方で「すんなり馴染めました。普通に楽しく仕事してましたよ」という人もいるので、かなり個人差があるようです。

わたし達のカルチャーやワークスタイルは、「プロジェクトを成功させるために」や「社員が能力を発揮するために」という非常に基本的なところからゼロベースで逆算して作られています。だから新入社員と言えども、頭ではその良さをすぐに理解できます。しかしすぐに行動に移せるかといえば、そうでもありません。

例えば前述の「仕事をする際には、自分の状況をOPENに発信すべし」がそれにあたります。「え？　そこまで求められるの？」「そんなこと上司に言うのってアリ？」という感覚です。自分がこれまで仕事をしてきた環境で無意識のうちに馴染んできた振る舞いとのギャップが大きいので、しばらくは体がついてこないのでしょう（同じ新入社員でも、新卒社員の場合はずっと馴染みやすいようです。「会社ではこうすべき」という刷り込みがないからでしょうね）。

そして中途社員にもう一つ立ちはだかるのが「自己評価の壁」です。コンサルティング会社に転職してくるのは、たいてい前の職場でバリバリ仕事をしてきた人です。リーダーシップも発揮して、自分にも自信があったことでしょう。

だから「自分は転職後も、これくらいのことができて当然」という感覚をみな持っています。これが健全なプライドとしてうまく機能し、がむしゃらに頑張る力に変われば何の問題もありません。しかし実際に取り組む仕事は難しく、前述のようにワークスタイルの違いに戸惑うことも多くあります。

つまり自分で設定した期待値のハードルを超えられず、落ち込んだり、自信をなくしてますます主体的に仕事ができなくなる、という悪循環です。新入社員を受け入れる周りの人は、慣れるまでは戦力としてアテにしていないので「まあ、最初はこんなもんでしょ」という軽い気持ちでいます。自分も通ってきた道ですしね。だから責められたりはしないのですが、自分自身が自分の貢献度の低さに耐えられずに苦しむのです。

こういうケースが多くあるので、ここ数年は「ケンブリッジは新入社員に活き活きと働いてもらったり、その人の能力を十分発揮してもらうのが下手である」という（残念な）認識のもと、On Boarding 活動に力を入れています。

具体的には On Boarding Team という新入社員をケアするボランティアチームを立ち上げました。これまでもプロジェクトで一緒に仕事をしている先輩社員たちは新入社員に対して熱心にサポートをしていたのですが、そういう濃すぎる人間関係が辛さの原因になってしまうこともあり、少し離れた立場から1年間サポートをするのが役割です。

プロジェクトで受けたフィードバック（指導やアドバイス）を受け止めきれずに悩んでいる場合は、客観的な立場から改善策を一緒に考えたり、他のプロジェクトの有識者を紹介するなど、プロジェクト外サポーターみたいなことをします。ときには自分が入社したときの経験を伝えたり、さまざまな面で手助けをします。

以前はオフィスで毎月コミュニケーションミーティングをしていたので、その際に他のプロジェクトの人と何気なく話したり、飲み会で相談に乗ってもらうことが、似たような「客観的なアドバイザー」の機能を果たしていました。

しかしコロナ後に在宅勤務中心となってからは、助け合いネットワークを意図的に作る必要があると判断しました。多少仕事がうまくいかなくても、相談相手がいて孤立を防げれば、組織にも徐々に慣れていくものでしょう。

そうは言ってもいろんな社員がいる

社員ファースト経営という切り口でケンブリッジを紹介していますので、社員全員が会社創りに深く関わり、Ｈａｖｅ Ｆｕｎ!!で、Principle に熱く共感し……という印象を持ったかもしれません。

しかし幸か不幸か、あまりそんな感じでもありません。つまり、社員によってかなり濃淡があります。感覚値では3割くらいの社員は「お客さんとやっているプロジェクト以外の活動はあまり興味がないし、いろんなイベントに参加するのもちょっとダルいんだよね」みたいな気持ちでいるようです。

わたし自身もお客様のプロジェクトに１２０％捧げていた時期もあったので、気持ちは分かります。一緒に働いているお客さんたちが好きで、ともに目指しているチャレンジが刺激的だと、それに全力を注ぎたいと感じるんですよね。もともとそういう変革が好きでこの仕事をしているのですから、悪いことではありません。

だから8章、9章で紹介したような、会社を創る活動は強制ではありません。そういう活動をする人は感謝され、多少はボーナスに反映されますが、しない人が非難されたり、イヤミを言われることもありません。

各種イベント（全員オフサイトミーティングなど）への参加はある程度強制力がありますが、参加しなくても、理由を上司がネチネチとチェックしたり、後で人事評価が下がったりはしません。

だからPrincipleも「会社はマネジメントが創るものではなく、**創りたい人が**創るもの。会社創りに**関心のない人がいてもOK**だが、関心があるなら入社1日目であっても〝自分で創る〟を実践してもらいたい」という表現になっています。全社員が同じ方向を向きすぎている組織は気持ち悪いし、脆弱だとも思っていますから。

先日のオフサイトミーティングである社員が面白いことを言っていました。

「自分は、お客さんとのプロジェクトに全力を注ぎたいタイプです。なのでこういう場はあまり多くなくてもいいんですよね。コロナが終わってもコミュニケーションミーティングはオンラインのままでいいかな……。でも、そういう人が自分以外にも多くなったら、多分会社を創る側に回るんじゃないかな。ケンブリッジにはそういう会社であって欲しいので」

これを聞いて思わず苦笑してしまいました。良く言えば絶妙なバランス感覚。悪く言えばフリーライド（他の人が創ってくれた会社の良いところを享受している）。でも、こういう人は本業であるお客様とのプロジェクトワークで貢献してくれればいいのです。貢献する価値すら、社員の自主性に任せる。

その方が最終的には強い組織になるのではないでしょうか。

あなたの会社でやるには？

この章では、

○社員を第一に考えたとしても、避けられないジレンマがある
○社員ファーストな会社と言えども、働いていてしんどいことはある
○会社方針への共感度、距離感は人によって濃淡あり

みたいなことを、ケンブリッジを例に書いてきました。

社員ファースト経営をする上で、どういったジレンマが起きるのかは、会社のビジネスモデルごとに大きく違ってくることでしょう。ケンブリッジの場合は本業がコンサルティングサービスですから、ジレンマは主にお客様との関係に表れます。

しかし他の業界ではジレンマは違った形をとることでしょう。例えば製造業であれば「社員一人一人に権限を委譲して働きがいを向上させよう！」「会社を社員がどんどん変えていくこと

を奨励しよう！」と思っても、それで工場の操業がストップしたり品質が低下するのは許容できません。

そういう制約のなかで社員ファーストはどういう形になるのか？　をケースバイケースで考えていくしかありません。また同じ製造業でも、工場を動かしている製造部門と新製品開発部門とでは、事情がかなり違いそうです。

一方でこの章に書いたこと、つまり昭和・平成とは違った種類の仕事のしんどさや、これまでより強く社員に主体性を求めざるを得ない傾向は、どの日本企業にも押し寄せるはずです。なぜならこれらは、社会経済が成熟し、高度成長が終わったという経済環境や、誰でも転職しやすくなったという労働市場の変化が引き起こしているからです。より早く、顕著な波が押し寄せている業界と、ゆっくりと、ただし確実な波が来つつある業界の違いがあるだけです。

遅かれ早かれ、社員ファーストにシフトしなければ経営は立ち行かないのが確かなのであれば、踏み出しながらジレンマと向き合い、一つ一つ自社なりの解を出していくしかないのです。

10 社員は顧客ファースト

実は、社員は徹底した顧客ファーストなんです

この本を通じて「社員ファーストといっても、社員を甘やかす経営ではない」「会社が何かを与えてくれるのを、口を開けて待っているだけの社員はいない」という話をしてきました。そして「むしろ社員が顧客ファーストだから成り立っているのだ」と。

これは社員ファーストが成り立つためには非常に重要なので、別の角度からもう少し説明しましょう。社員、顧客、会社の関係を考えるとき、一般的な日本企業は、パターン①か②のようになっています。

パターン①では、会社は顧客ファースト（いわゆる顧客第一主義）を掲げています。ところが一人一人の社員は顧客ではなく会社ファーストになってしまっている構図です。会社ファーストとは、「会社が決めた人事評価基準に適合するように行動しよう」「会社が決めた四半期売

○パターン①：社員が会社ファースト

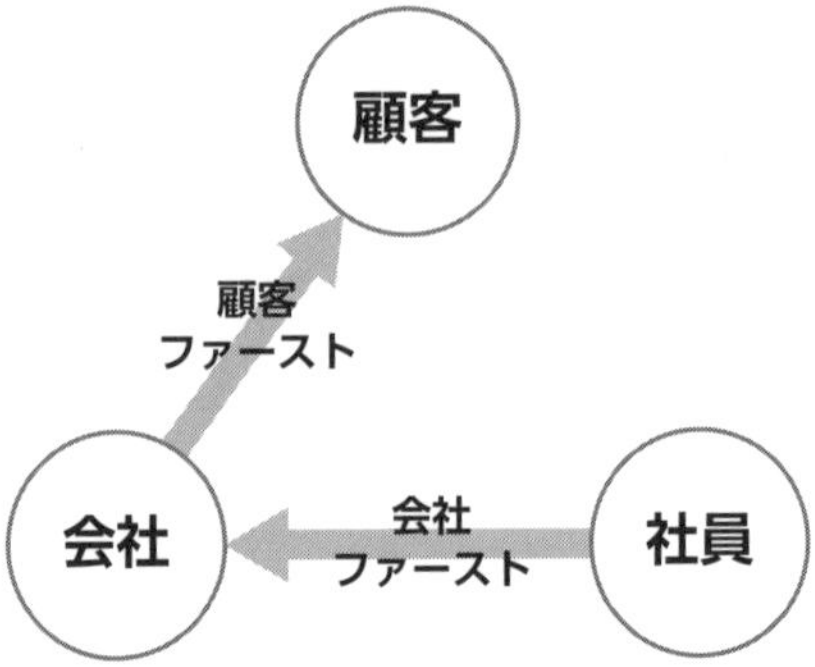

上目標をなんとかして達成しよう」などと、会社の意向に沿うことを真っ先に考えて仕事をしている、ということです。

「売上目標を達成するために頑張るのは当たり前じゃないか、何が悪いのか？」と思いますよね？　ほとんどのサラリーマンは、仕事とはそういうものだと叩き込まれていますので無理もありません。ですがこのように努力の矢印が徹底して会社に向いている状態で、同時に「顧客も第一に考えよ」と言われても、それは無理な相談です。

　現実に「部長の承認を得るために2週間かけて企画書を書く（ただし顧客へのサービス向上や製品の品質向上には1ミリも貢献しない）」といった仕事はたくさんあり、日本企業の生産性を下げる大きな要因になっています。いくら会社が顧客第一主義を標榜していたとしても、社員の意識、関心があまりにも内向き、つまり会社ファーストになっているのです。

○パターン②：会社へのロイヤリティなし

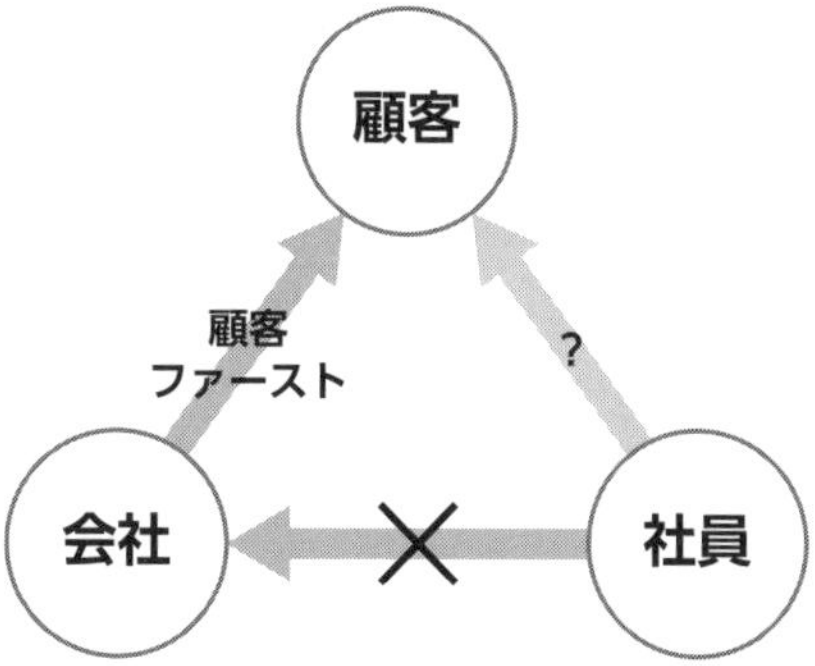

もっと酷いケースだとパターン②のようになります。「顧客のことを第一に考えて仕事をせよ」と、「売上目標や人事評価の基準を達成せよ」という、矛盾したメッセージを会社から受け取り続けて混乱した社員が、会社（または特定の上司）を嫌いになっている、という構図です。

次ページのグラフは経産省が2022年に出した「未来人材ビジョン」というレポートに載っていました。日本の従業員エンゲージメントは世界最低です。つい20年前までは「従業員を大切にする日本的経営により、日本企業の従業員は高いロイヤリティを誇っている。これが日本企業の強さの源泉である」などと言われていたのに。

幸いなことにわたし達ケンブリッジはパターン③のような状況でした。製造業などと違い、顧客が目の前にいるサービス業ということや、コンサルティング業界は伝統的に顧客ファーストというプロフェッショナリズムが

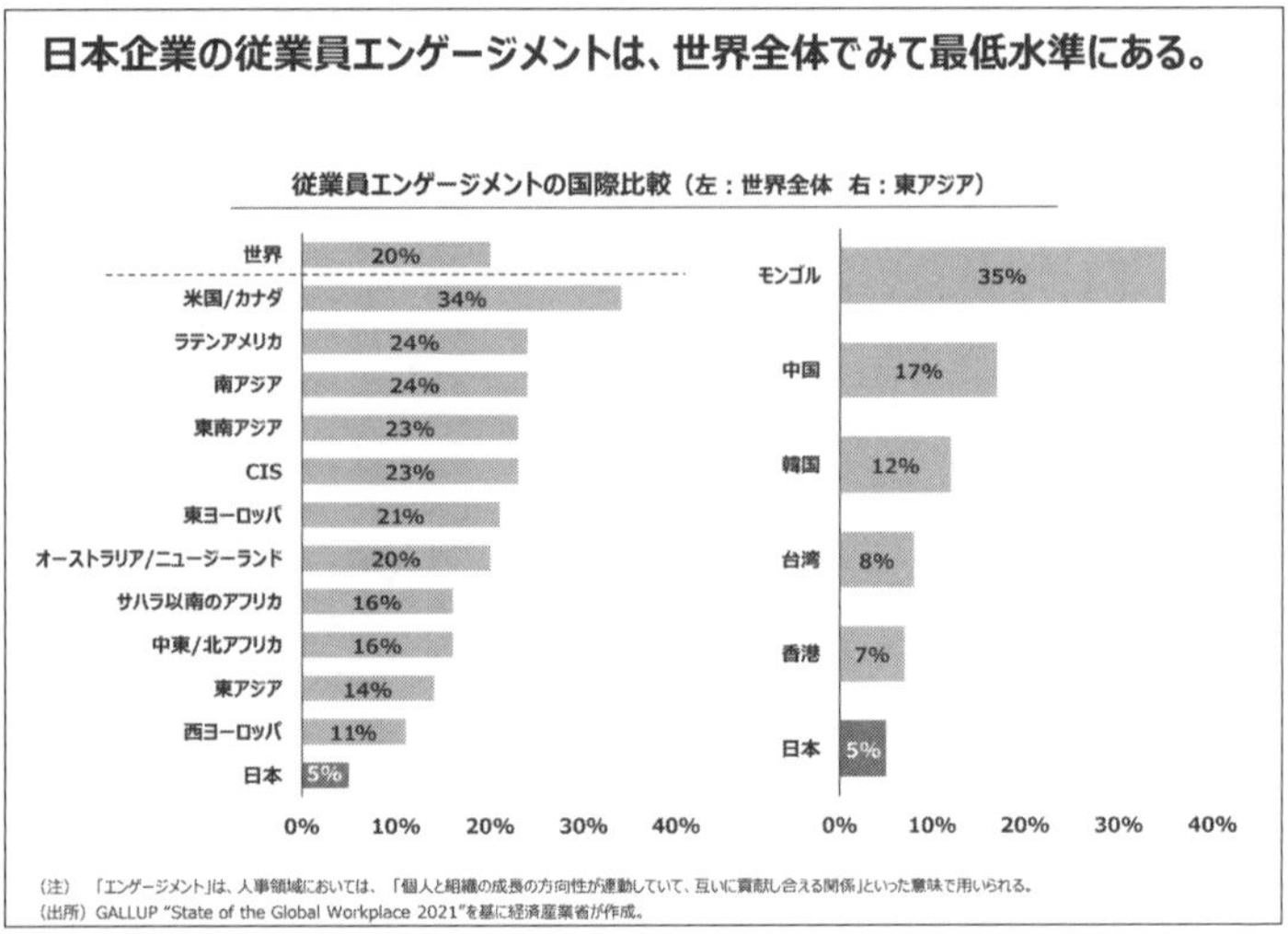

出典：経済産業省。「未来人材ビジョン」

浸透していたこともあり、会社全体としても、社員個人としても、徹底した顧客ファーストだったのです。

とはいえ「会社も社員も全力で顧客ファースト」という状況は、創業当時のような勢いがあるときはどうとでもなるのですが、徐々に制度疲労のような状態にいたります。例えば社員が疲弊して辞めていき、結局はサービス品質が落ちてしまったり。

また、短期的に顧客満足度を上げることだけを追求していくと、組織としてノウハウの整備、採用や人材育成など、中長期的に大切な活動がおろそかになっていきます。無意識のうちに「そんなことよりもお客様に良いサービス、製品を提供しなければ」「同僚にノウハウを教えるよりも、明日の顧客との打ち合わせをしっかりやらな

●パターン③：全社を挙げての顧客ファースト

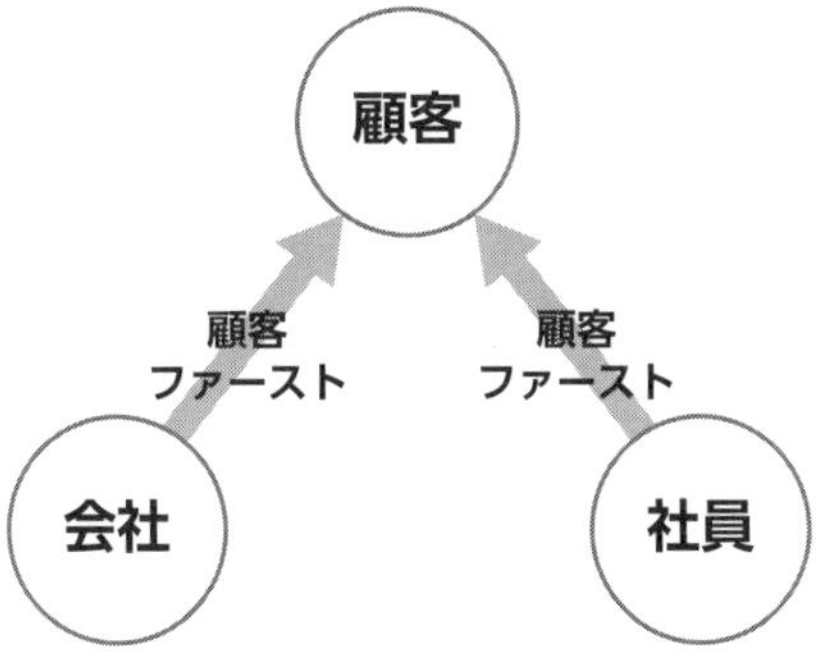

ければ」となっていくので。

そこで徐々に、この本のテーマであるパターン④の社員ファーストにシフトしていく必要があったわけです。パターン④の図を見てもらえば、社員ファーストというのが「社員を甘やかす経営」とは全く違うことが分かってもらえると思います。

いわば「**社員がとことん顧客ファーストなのだから、せめて会社は社員ファーストで経営をする。その方が結局は顧客に良い商品、サービスを提供できるから**」といったところでしょうか。経営者が「ウチは顧客より社員を大事にしてますから」などと公言できるのも、現場で社員たちが顧客ファーストの精神でガッツリいい仕事をしているからこそ、です。

逆に言えば、**社員に顧客ファーストが染み付いていない組織で社員ファーストを目指すと、ただの〝馴れ合い経営〟になってしまう。**誰も顧客のことを考えていないのであれば、ビジネスに勝てずに淘汰されていく。会社が永続

○パターン④：社員ファースト経営

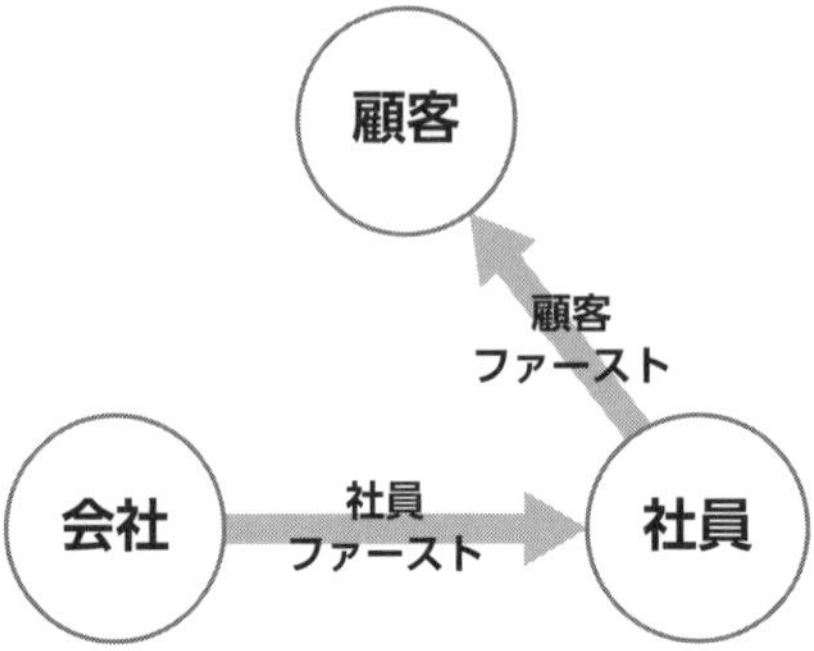

しないのであれば、結局は社員のためにもならない。これはいわば〝社員ファースト経営の不都合な真実〟です。

顧客ファーストの教育は皆無

この本を書いている最中に、ハッとさせられることがありました。あるお客様と飲んでいるときに言われたのです。

「ウチのプロジェクトに来てくれているケンブリッジのメンバーはみな、一生懸命ウチの会社のことを考えてくれるんですよ。単にどうやったら業務がスムーズになるか？　というだけでなく、経営に活かせるデータをどうやって蓄積するか？　とか、そもそも当社の意思決定がどうあるべきか？　というレベルまで。そんなことには目をつぶった方が楽なのに。そういう姿勢って、どうやって教育しているの？」

この本の言葉で言えば、社員に対してどうやって顧客ファーストな姿勢を叩き込んでいるのですか？　という質問です。多くの企業では顧客第一主義を掲げていますから、そのお客様にとっても切実なテーマなのかもしれません。

しかし、わたしはうまく答えることができませんでした。顧客ファーストを社員に叩き込むなんて、考えたこともなかった……。そもそもウチの社員が徹底した顧客ファーストだと認識したのは、この本を書きはじめてからだった……。

実際にそういうトレーニングは一つもありません。プロジェクトの方法論やワークスタイル、カルチャーにいたるまで、ありとあらゆる（自家製の）トレーニングが用意されているのに。新入社員教育のカリキュラムにもない。入社時の社長のスピーチにもそういう要素はない。本当に何もやっていない。

多くの会社はWebサイトに顧客第一主義を掲げています。「クライアントファースト」を掲げるコンサルティング会社も多くあります。でもケンブリッジはそういったことはなにもしていない。でもこのお客様が言ってくださったように、かなり顧客ファーストが染み付いています。なぜなのでしょうか。

RIGHTという素朴な価値観

RIGHTという価値観を掲げていて、それが顧客ファースト教育の代わりになっている、というのが一つの仮説です。

RIGHT

「お客さまにとって、これがベストだ」と胸を張れることだけをする。

自社の都合ではなく、お客様にとっての正しさを愚直に考え、提言し、共に実行することが、わたし達に誇りとエネルギーをもたらす。

正しさを追求できる環境の維持は経営のミッションであり自分たちの利益、名声はその先にある。

グローバルなコンサルティング会社の一員だったころから、この価値観は掲げられています。でもRIGHT（正しいことをする）って、なんというか当たり前で平凡ですよね。社外の人にこれを言っても「ふーん」という感想しか返ってきません。わたし自身も、価値観のなかではそれほど重視していませんでした。

でも大多数のケンブリッジ社員にとっては違うようです。数年前に「お客様にとって正しいことをする」という文言が入ったミッションステートメントを改訂しようとしたら反対運動が起きました（激論の末に、結局改訂はしましたが）。

先日も「ケンブリッジのどこが好き？」という少し恥ずかしいテーマで社員数人と話したと

きに、ある社員がさらりと「正しいことをする姿勢ですね」と言っていました。転職前は、自社の都合を顧客に押し付けるようなプロジェクトがほとんどだった。今はそういうプロジェクトに入って苦しむことがないのがいいんです、と。

実は「お客様にとって正しいことを」という価値観は素朴すぎて、結構厄介な論点を含んでいます。

まず、「正しいこと」ってなんだろうか？　正しいことや正義は唯一無二ではなく、状況や文脈によって異なります。そして「お客様」って誰のことでしょう？　プロジェクトで机を並べ、一緒に働いてくれる方？　それとも顧客企業の社長だろうか？　はたまた会社は株主のものだから、株主のことでしょうか？

例えば従業員をリストラして利益を増やす施策を立案したら、どの「お客様」のためになるのでしょうか？　これらが明確でない価値観を掲げても、もしかしたら何も言っていないのと同じかもしれない……。

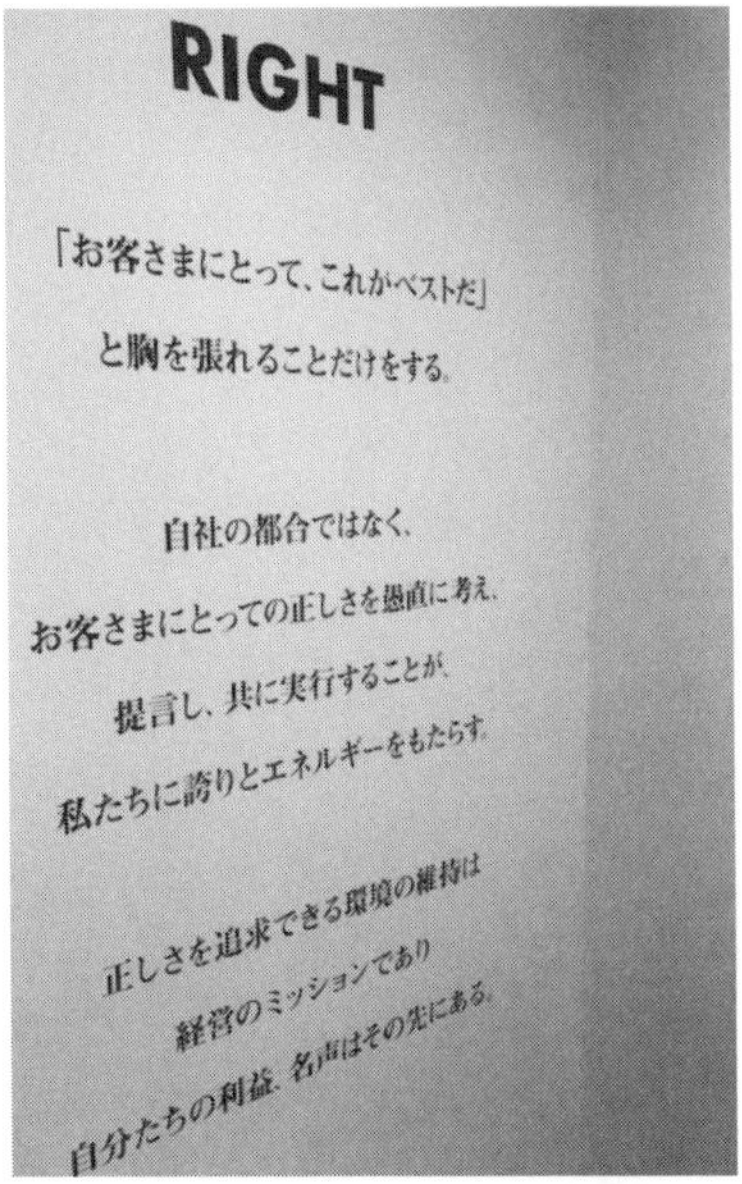

オフィスの壁に書かれたRIGHTの価値観

それでもわざわざＲＩＧＨＴを価値観として掲げることに意味はあると思っています。状況に応じて、「何がお客様にとって正しいのだろうか？」と考え続ける姿勢は必須です。そして自分が考えた「正しいこと」は、たとえお客様のメンツや自分たちの売上を潰すリスクがあったとしても、主張するべきだからです。

なにより（前述の社員の前職のように）自分たちの売上を上げるために、顧客に必要のない高額なツールを推薦する、ということへの強い戒めになるでしょう。

他社で苦い経験をしてきた中途入社社員が中心となり、現場で馬鹿正直にＲＩＧＨＴを実践するし、経営層も後押しする（そんなことより売上を！　と怒ったりしない）。その背中を見ている他の社員も自然とその姿勢を身につけていくようです。

この「顧客ファーストを叩き込んでいないのに、お客様から顧客ファーストだとよく言われるのはなぜだろう？」という疑問をFacebookに書き込んだら、ケンブリッジを退職したＯＢが「プロジェクト中に自然に叩き込まれた気がしています。そう説教されたのではなく、プロジェクトマネージャーの言動を見て吸収する感じでしょうか。ケンブリッジを離れても〝お客さんにとって正しいことをする〟が当たり前の基準になっています」とコメントをくれました。そういうことなのかもしれません。

こうしてつらつら考えていくと、当たり前で、平凡で、曖昧な価値観でも、旗印として掲げ続けることはやはり大事なのかもしれません。同じくFacebookで、長いお付き合いのお客さんから、こんなコメントももらいました。

「顧客第一という、ありたい姿をダイレクトに示す掛け声では、行動につながっていないのかも。ケンブリッジのように〝こう考えよ〟と掲げることが、行動につながり、結果として顧客第一に見える結果をもたらしているのかも」

ありたい姿よりも、行動規範を掲げるべきだ、ということでしょう。深いですね。

そして「顧客ファーストの教育を一切していないのに、社員が自然と顧客ファーストを体現している」という現象のもう一つのカギは、採用です。社員ファーストの前提である顧客ファーストを実現するための採用活動を次章で説明しましょう。

あなたの会社でやるなら？

先ほども書いたように、社員に顧客ファーストを叩き込むための特別なことは何もやっていません。しかし、ヒントらしきものはこの章にちりばめられています。

同僚の背中を見て学ぶ

顧客ファーストに限らず価値観やワークスタイルは、言葉よりも上司や同僚の行動を見て学んでいくものです。朝礼で訓示されたメッセージよりも、「こういう行動はこの会社でヨシとされている」「こう振る舞うと、こっぴどく叱られる」と観察し、読み取った非言語メッセージの方を人は重視するからです。

したがって身も蓋もないのですが、価値観やワークスタイルを広げるにはまず、社員（特に上司）がそれを体現していることが何より重要です。会社や人事部門としてできることは、そのような社員を評価したり、役職に抜擢することです。

理念を掲げる

とはいえケンブリッジにおけるＲＩＧＨＴのように、大事な価値観を明示し、壁に書くことにも意味があるようです。社員の会話の中に「それってＲＩＧＨＴじゃないよね」などとキーワードがなにげなく登場することが理想です。

なぜなら、背中を見て学ぶことは確かに大事なのですが、それだけだと弱いからです。確固たる理念を掲げておくと、同僚の行動を見たときに「ああ、これがＲＩＧＨＴということか！」と理解が深まり、次の行動につながります。ここまで浸透してはじめて、組織文化が競争優位の源泉になります。

そして掲げる際は「品質第一」「顧客ファースト」といった〝ありたい姿〟を示すよりも、「売上と社員の成長が相容れない場合は、成長を重視せよ」のように、行動につながりやすい理念の方が効果的なようです。

矛盾したメッセージの排除

いくら「顧客第一」「人が財産なので人財と書きます」のような理念を口で言っても、それらの理念よりも目先の売上を重視するような意思決定を繰り返したり、理念に沿って行動した結果、叱られるようなことが頻発すると、かえって組織文化は壊れていきます。

残念ながらこういった矛盾したメッセージを同時に社員に投げつけるような状況は組織内で頻繁に目にします。「会社は、最終的には顧客よりも社員を大切にする」と掲げるのであれば、短期的には損するように見えても、それを貫くしかないのです。

11 最高の社員を集める

ケンブリッジでやっていることを社外の方に説明すると「それってケンブリッジの社員が優秀だからできるんですよね。ウチでは無理だなぁ」と言われます。わたしはこの本で書いてきた社員ファースト経営やファシリテーション経営は経営者の意思と仕掛け次第だと思っていますので、半分しか同意しません。

でも残りの半分で「確かにウチの社員が優秀だから、またはマインドが素晴らしいからできているのかもな」とも思います。この本を書きながら改めて思ったんですが、ケンブリッジの社員って最高ですよね。

- 何も言わなくても顧客ファーストな姿勢で仕事をする
- 会社が自分に何をしてくれるかではなく、自分が会社に何をするかを考えている
- コンサルティングという難しい仕事ができるくらい賢く、バイタリティがある

こんな感じですから。どれだけ経営者が意志を込めても、仕掛けを作っても、当の社員が素晴らしくなければ、社員ファースト経営も絵に描いた餅になってしまいます。笛吹けども踊ら

ずといいますか。

この章では、最高の社員ばかりの会社をどう作るのか？　つまり採用戦略について説明します。そして次章では採用した社員の育て方です。


わたし自身は採用活動にはほとんど関わってきませんでした。中途採用しかしていなかった10年前に、新卒社員も採用することに決めたのが最後の関与です。

ちなみにそのときに決めた方針は「支配的な新卒採用サービスである、リクナビ・マイナビ経由での採用はしない」ということ。ケンブリッジは小さい会社ですし（当時は50人程度。今も200人弱です）、無名です。リクナビ・マイナビという巨大な採用市場での競争は、知名度の有無が勝敗を分けるので、そういう不利な市場で戦うべきではないのです。

そこで、会社や就活生をじっくり理解してマッチングしてくれるような小規模な人材紹介会社や、コンサルティング会社に特化した就活サービスなどを使うことにしました。それ以来、採用チームは「少しでもケンブリッジらしい採用方法とは？」と、毎年毎年ずっと模索してきました。

多産多死ではなく少産少死モデル

採用の話をする前提として、一般的にコンサルティング会社が多産多死モデルであることをお話ししておきましょう。多産多死とは「たくさんのタマゴを産むが、生き残って子孫を残せるのはごくわずか、という生き物の繁殖戦略」のことです。マンボウなんかが有名ですね（3億個のタマゴを産むという説もあります）。

ビジネス界の多産多死モデルとは、「たくさん採用して社内で競争させ、敗れた社員は辞めていき、生き残った少数の社員が昇進していく」という人事戦略を指しています。終身雇用とは真逆の考え方でしょう。これを一言で表した「Up or Out」という言葉があります。つまり「昇進できなくば、辞めてもらう」という方針です。

実際に昇進スピードが遅い社員には退職勧告があります。25年以上前にわたしが就職活動したときですら、某大手コンサルティング会社が「今年採用する社員のうち、数年後に残っているのは2割程度でしょう」と明言していました。

わたし達はそういう弱肉強食の考え方が好きではありません。入社後も「Up or Stay」なので、そのポジションで本人が満足しているならば、昇進しなくても仕事を続けてもらいます。

だから採用する際の見極めには力を入れざるを得ません。かなり厳選する結果、合格率（内定を出す数を分子、応募書類の数を分母とした数字）も低い方です。「採用した以上はじっくり育てる」というのが、企業としての責任だとも考えています。

したがってわたし達の採用活動は、単に「良い学歴の人を多く集める」をゴールとはしておらず、「能力、考え方の双方が自社に合っている人が、入社後も長く活き活きと働けるかを確かめる、お見合いプロセス」みたいな捉え方をしています。

コンサルティング会社がコンサルティングを受ける場

ケンブリッジでは新卒採用のために、年2回、学生さんを呼んで3日間のワークショップ（短期インターン）を開催しています。3DayJob というベタなネーミングなのですが、3日間とはいえ、筆記試験やトークだけの短時間の面接に比べ、「この人がウチのプロジェクトに入ったらどんな感じに活躍してくれるかな？」を見極めやすい方法です。

毎年の試行錯誤の末、おおよそ以下のような流れに落ち着きました。

1. ケンブリッジの課題を伝え、解決に向けた提案をしてもらう（つまりコンサルティングの依頼）
2. コンサルタントと同じトレーニングをして、課題解決に必要な方法論を最低限学んでもらう

3. コンサルタントがメンターとなり、提案を研ぎ澄ませるのを手伝う
4. 最終日に提案をプレゼンテーションしてもらう
5. その場で「提案を実施する／しない」を経営幹部が判断する
6. もちろん判断の議論やその理由もオープンに共有する
7. OKと判断した提案は、その後本当に実施する
8. 3DayJob の数日後に全参加者に対して、コンサルタントとほぼ同じ人事評価シートを返す
9. 3DayJob で活躍した優秀な学生には内定を出す

ざっとこんな感じです。最近では多くの会社でこういったワークショップをやっていますが、ケンブリッジの特徴はすべてをガチンコでやっていることです。

例えば、学生たちに取り組んでもらう課題について。

毎年学生に依頼するのは、本当にケンブリッジが解決したいと思っている課題です。ワークショップでよくある「仮想課題」ではありません。課題分析⇒施策立案⇒計画立案⇒プレゼンテーションという流れも、普段のコンサルティング仕事のミニチュア版。業務から乖離したなんちゃってワークショップではなく、普段のわたし達の仕事そのものです。

つまり、学生にはウチの会社のイケてないところを調査されるわけです。社員にインタビューしたり、過去資料を見られたり。恥ずかしさもありますが、就職活動でもあるのだから、会

採用活動の改善にとりくむ学生さんたち

社のことをしっかり理解してもらうのは良いことです。

ワークスタイルも普段のままです。一生懸命に課題を分析している学生さんをメンターであるコンサルタントがちょっと呼んで、「こういうふうに動いた方がいいんじゃない？」などと都度アドバイスしますし、社員がお手本としてファシリテーションしたときには、後で「なぜこういうファシリテーションが必要だったか。どう工夫したか」を種明かしします。

つまり3日間で課題解決を体験できるだけでなく、しっかりノウハウを持ち帰れるように学習のきっかけを豊富に用意します。このあたりも、普段のＯＪＴ（次章参照）と全く同じ。

なぜなんちゃってではなく、ガチンコのワークショップにしているかというと、わたし達にとっても「コンサルティングを受ける側になる」というのが貴重な経験だからです。普段はコンサルティングする側ですから、逆の立場に立つことで、学ぶことは多いのです。

EXAMPLE

学生が提案してくれた論文エントリー制度

ある年の3DayJobは新卒採用の強化をテーマとした。会社としても新卒採用の強化は永遠の課題だし、当事者にコンサルティングしてもらうのが効果的だからだ。その際あるチームが提案してきたのが論文エントリーだ。

○エントリーシートではなく、これまで書いた論文、研究概要などをまず提出してもらう⇒他社でよくある自己PRの作文などは不要
○面談で、提出してもらった論文の内容や、その研究における自分の役割を説明してもらう⇒研究の意義やプロセスを門外漢に分かりやすく説明する能力を見る
○面談はリモート会議で⇒学問に忙しい学生さんに配慮し、来社不要に
○来社して面接⇒最後に1回は顔を合わせる。オフィス訪問や社員に直接会って、イメージを持ってもらう

そもそも一般的な新卒採用のやり方って、ダメダメだと思うんですよ。「自己PR」だの「学生時代に力を入れていたこと（通称ガクチカ）」といった、どの会社も似たようなテーマで文章を書かせて、履歴書と一緒に提出させる。学生も何十社も受けるから他社と同じ文章をコピペ。

書類選考に受かると、本来卒論／卒業研究に打ち込むべき時期の平日に呼び出して、ど

こも同じように「リーダーシップを発揮した経験を」などと質問し、学生さんの側も待ってましたとばかりに作り込んできた「盛ったエピソード」をペラペラと話す。

「力を入れてきたこと」といっても、なぜかそこに学問を含めてはいけないようだ。聞かれたままに「こういう研究に力を入れていました」と話し始めても、「ほら、バイトとかやってないの？ その話してよ」とか、「それを勉強していて、なんでウチの会社受けんの？」という誘導で、すぐに志望動機の話になってしまったりする（本当にあった話です。日本を代表する企業が日本を代表する大学の学生にする質問とは思えませんね！）。

論文エントリーはそういう腐った採用活動へのアンチテーゼだ。

そもそもわたしは学問に打ち込んでいる学生さんが好きだし、採用したいと思っている。信じていない人が多いけれども、学問ってビジネスに役に立つんですよ（たとえ学生時代にバクテリアだのヨーロッパ中世史だのを研究していたとしても、良いコンサルタントになるのにとても有益）。

学生時代はみっちり学問をして欲しいのだから、わたし達も極力学業の邪魔をしたくない。

そしてそういう学生さんを選考するにあたっては、バイトのエピソードなんかではなく、その人が一番打ち込んでいること、つまり学問についてじっくり話をしてもらいたい。まさにそこにこそ、その人の人間性や能力は表れる。逆に、片手間でやっているバイトの話とかさせても、何も分からないと思う。

だから、3DayJob の最終日にこの「論文エントリー制度」を提案されたときには唸ってしまった。ケンブリッジの嗜好や価値観にぶっ刺さる提案だったので。

○他社に右にならえではなく、何ごとも「ケンブリッジ流」を模索する
○知的好奇心旺盛で、それを追求する姿勢を持った人と働きたい
○学生の間は本分である学業に専念したい、というマインドも歓迎したい
○自分の専門を専門外の人に分かりやすく、面白く説明する能力も重要

などなど。コロナ禍では当たり前になったリモートでの面接も、当時としては画期的だった。

このアイディアが出てきたのは、3DayJob に参加していた学生さんが「大学で勉強するのが面白くなって、就活にあんまり時間割きたくないな」とか「俺のことを、大学で真剣に打ち込んだ学問で評価してくれよ」と思っていた当事者だったからだ。

社員だとどうしても「採用する側の論理」に染まってしまい、こういう発想は出にくい。まさに学生さんにコンサルティングしてもらったからこそ。

このとき以来、この制度を使って何人もの優秀な社員を採用してきた。入社後ルーキー・オブ・ザ・イヤーを受賞した社員もいるし、いま一緒のプロジェクトで一番コアな部分を任せている社員もいる。

採用チームは採用活動全体の最適化を常に考えているから、論文エントリーをやらない年もあるみたいだけど、とてもウチらしい採用活動だと思う。

落とす候補者にこそ、徹底したフィードバックを

3DayJob は採用に直結する場なので、参加するためには、かなりシビアな合格率の面接を突破しなければなりません。中途採用の場合は 3DayJob ではなく、経歴や能力や人となりを面接で判断しているので、やはり面接は、候補者にとっても選考する側にとっても重要なステップです。

採用担当をやっていた社員にどんな面接をしているのかを聞くと、「たまに3、4時間話してることがあるんですよ。しかも面接でNGを伝えた後で」とか言い出して、のけぞりました。「そもそも時間をあまり気にしてないんです。採用候補者が喋りたいだけ喋る」「せっかくお互い時間使っているので、なにか持ち帰って欲しいじゃないですか」とも言っていました。なるほどそれは大変だ。

採用活動に関わったことがある人は分かると思うのですが、採用はある意味で効率との戦いです。1000人の応募者から書類選考で200人に絞り、1次面接で70人に……という具合に、効率よく大量の応募をさばき、選考に残った人材をどう口説くか？　という世界。NGの

相手に何時間も使っていると、少人数しか面接できないか、口説きに時間を使えずに良い人材を取り逃がすに決まっています。

なぜこんなことをやっているか？　それはわたし達が骨の髄までコンサルタントだからでしょう。そして「採用候補者は社員と同じように接する」という方針があるからです。もう少し解説しましょう。

わたし達のカルチャーでは普段の仕事からフィードバックを非常に重視しています。「さっきの打ち合わせで、説明が唐突だったのでお客さんがキョトンとしてたよ」とか、「あのタイミングで懸念点をちゃんと言ってくれたから、リスクを未然に防げたよ」のように、「あなたこうでしたよ」を率直に伝え合います。良いことも、改善が必要なことも。いわば、自分の仕事ぶりを眺める鏡を提供するのです。お互いに。そのことで、自分の振る舞いを正したり、より思慮深くなることができます。

採用においても、全く同じことをやっています。つまり、

「残念ですがあなたを不合格にします。あなたが大事にしていることは、とてもウチの価値観と近いですし、前職でいい仕事をしてきたことも理解できました。一緒のプロジェクトで働きたい気持ちはあります。でも現時点では思考力が足りてないと判断しました。なぜそう判断したかというと……」

などと、面接官の所感をすべてストレートに伝えます。もちろん食い下がってくる人もいる

し、そこから議論が始まることもあります。だから長いのです。

効率が悪いのを承知で、こうしたことをやっているのは、面接に訪れる人がみな（新卒も中途も）人生の岐路に立って迷ったり、困っているからです。採用担当は全員コンサルタント経験者で、おせっかいというか誰かを助けるのが好きな社員ですから、思わず相談に乗ってしまうのです。人生の一大事に影響を与えるコンサルティングですから、貢献感もあります。

一般的に就職活動（転職活動）では、候補者は「なぜNGなのか」について、本当の理由を知る機会はありません。語ったエピソードがパッとしなかったのか、ちょっとした立ち振る舞いが面接官の癇に障ったのかも分からないので、改善のしようがありません。精神的にもキツいことでしょう。だから採用／不採用にかかわらず、率直なフィードバックはたいていは感謝されるし、実際に役に立っているようです。

INTERVIEW

落とされた面接で「鍛えなければ」と思った――岡崎さん

白川：岡崎さんは新卒入社ですが、ケンブリッジの選考を受けた時、どうだった？
岡崎：大学3年の夏の 3DayJob にまず応募したのですが、事前の面接で落ちてしまったんですよ。
白川：そうなの？　今の活躍ぶりを見ていると、ウチの人事は見る目がなかったんじゃないの？

岡崎：面接してくれた人事の西久保さんからは、面接のときに「論理的思考力やストーリーに欠けている」とフィードバックをされました。最初はもちろん落とされて「？」という感情が先にたったんですが、なぜそう判断したのかを聞いているうちに、確かに……と。後日受け取ったメールにも○（良い点）と△（改善点）が丁寧に書いてあり、腑に落ちました。

白川：うーん。今のあなたを見ていると論理的思考力も十分あると思うけどなあ。

岡崎：当時、コンサルティング会社を中心に就職活動をしてたんですよ。そういう場では、発言の持ち時間が短い気がしていて。なにか問われたときに、最初に思いついたアイディア1本で突っ走って、形にして、わーっと話していました。多くの会社ではそういうスタイルが歓迎されているのも感じましたし。

白川：まあ、そういう人を「突破力がある」とか言って評価する風潮はあるよね。

岡崎：そうなんです。でも同じことをケンブリッジでやると、「なんでそこだけに飛びつくの？」というフィードバックをもらって。確かに「しっかり会社の課題を分析して、いくつも施策を考えた上で一番効果的なものを選んで……」という緻密な思考はできていませんでした。

だから鍛えなければ、と素直に思いましたね。もらったフィードバックはケンブリッジ

社員感謝パーティでの岡崎さん（左）と西久保さん（右）

以外の就活にも活かすことができました。

白川：うん。ケンブリッジで落ちたときにもらったフィードバックのおかげでその後の就活がうまくいった、という学生さんは多いみたい。岡崎さんの場合は半年後の冬の 3DayJob にも挑戦してくれ、内定を出すことができた。ウチの会社としてもあなたを取り逃がさずにすんでよかったよ。実際に入社してみてどうだった？

岡崎：ケンブリッジのいいところの一つは、プロジェクトの成功だけを追求するのではなく、同時に社員やお客さんの成長も大事にすることだと思うんですよね。それは面接や 3DayJob のときにも感じました。

　入社後に分かったのは、そういう、いいところがちゃんと言語化され、共有されていたことです。例えばいま一緒に働いている先輩は、プロジェクトの成功を重視しすぎるあまり、メンバーの育成に目を向けられていないときがたまにあります。

白川：確かに、あいつそういうところあるよな。その一途なところが強みでもあるから、オレはすごく信頼してるけど。
岡崎：そういうときに後輩の自分が指摘して、別な方法を提案するとすぐに分かってくれるんですよ。「確かに成長にもっと時間を使わなきゃな」と。こういうやり取りができるのは、価値観が完全に共有されているからだと思います。これが他社との違いでしょうね。

INTERVIEW

今回は落とした方がいい気がした──西久保さん

白川：岡崎さんを3DayJobの面接のときに、落としたらしいじゃないですか。
西久保：そうなんです。彼がケンブリッジを好きなことも分かったし、個人的にも一緒に働きたいと思ったんですよ。でも緊張していたのかもしれないけど、思考力はちょっといまいちだと思った。情を優先してこういう人を通してしまうと、後で本人が苦労するから。
白川：ふむ。人事としては入った後にも責任を感じるしね。
西久保：NGにしたんですが、こういうタイプには特に念入りにフィードバックすることにしています。彼の場合は、フィードバックの後もいろいろと話しているうちに「通してもいいかな」という気もしたんですが……。結局NGのままにしました。そっちの方がいい気がしたんで。こういうときは自分が通しても、他の面接官がたいていNGにするし。

白川：半年後、冬の3DayJobで会ったときはどうでした？

西久保：半年間鍛えてきました！　みたいな感じで、意気揚々としてました。面接を合格にして、実際の3DayJobが始まってみると、ぶっちぎりで優秀でした。もともとチームで仕事を推進する力はあったんだと思います。

白川：なるほど。結局は双方の思惑が一致して入社してくれたし、今もバリバリ仕事を楽しんでいるし、紆余曲折あったんだろうけど良かったんでしょうね。ちなみに、他にもこういうケースあるの？

西久保：面接や3DayJobで落とした学生から、就職活動が終わった後にめちゃくちゃ連絡もらいますよ。ちょっと見せましょうか？　例えば……

「お久しぶりです。○○です。

ようやく1社から内定いただくことができました！

改善点として指摘してもらった言語化能力について、あれから毎日欠かさず意識していたので、面接官に〝解像度が高くて分かりやすい〟と褒めてもらえることがほんとに多くなりました。こういう場面があるたびに、ケンブリッジでの3DayJobを思い出します（笑）」

白川：いいねー。こうやってフィードバックを受け取って愚直に改善していける人が結局伸びるんだよね。

正しいプロセスで、正しいことが好きな人を採る

前の章で「ケンブリッジ社員は教えてもいないのに、自然に顧客ファーストが染み付いている」と書きました。その秘訣の一つは、最初から顧客ファーストな人を採用すること。でも採用の現場だと、顧客ファーストよりももっとシンプルに〝正しいことを大事にする人〟の採用を意識しています。

だから面接で価値観を見極めることを重視しています。過去の成果・行動・考え方を掘り起こして聞いていく。「正しいことをやりましょう」というスローガンには誰も反論しませんが、実際にはさまざまなジレンマが存在しているわけで、それにもかかわらず実際に正しいことにこだわってきたかどうかは、話を聞いていけば分かります。

とはいえ、ここまではどこの会社でもしていることかもしれません。ケンブリッジの強みは候補者が語ってくれた価値観に対して、「それってつまり、ウチでいうＲＩＧＨＴだよね？」と返して、実際にビジネスの現場でやっていることを説明しながらすり合わせることができることです。４章「きれいごとを貫く」で紹介したように、そういった事例には事欠きません。

そして「語る」以上に大事なのは、採用活動を通じて会社が正しい振る舞いを貫くことです。正しい振る舞いといっても、それほど大上段に構えた話ではありません。わたし達がしている

のは「採用候補者を特別扱いせず、社員と同じようにお付き合いする」ということだけ。

つまり、

- 一人の人間として Respect を持って接する（当たり前だが、できていない企業が多い）
- お客さん扱いをして、チヤホヤしたり会社の良いところばかりを見せない
- 採用候補者と駆け引きはしない
- 社員と同様、採用候補者（ＮＧにする人も含め）の成長を願って行動する

みたいなことです。

この中で一番大事なのはやはり、会社の良いことも改善すべき点も、包み隠さず伝える誠実な姿勢でしょうか。そもそも多くの会社では、採用活動と現場仕事が乖離しています。

- 社員が活躍するかっこいい動画
- 目を輝かせて仕事の魅力を語る先輩社員
- 短期インターンは社員ではなく業務委託先の専門家が運営
- 「ある社員の一日」で示される、現場実態とはかけ離れたスケジュール表

などなど。

優秀な人を多く確保するのが人事部のミッションですから、「なんとしてでもこの人を採用する」「入社してしまえばこっちのものなのだから、良い会社だと思ってもらおう」と背伸びして、つい会社の良いところばかりを見せてしまいます（わたし自身も前の会社でそういう採用

をしていたことがあり、今でも胸が痛いです)。

わたし達はそうではなく「わたし達が内定を出す優秀な人なのだから、十分な情報さえあれば自分で最適な判断ができるだろう」と、本人を信頼することにしています。こうすることで入社後に「思っていたのと違う!」となることを防げます。

終身雇用の時代と違って、転職のハードルはとても下がりました。苦労して就活したとしても、入社して違和感があれば簡単に辞めてしまいます。また、現場実態もネットを通じて伝わる時代です。

だから「会社が取り繕うこと」は候補者にとってよくないのはもちろん、会社にとってもマイナスでしかありません。苦労して採用して新入社員研修をした社員にすぐに辞められては大損害だからです。

会社として正しいことを語り、正しいプロセスで採用活動をするのは、そういったミスマッチを未然に防ぐことでもあるし、「ビジネスでも正しいことをやるべきだ」「お客様のために仕事をしたい」と素朴に考える社員を、自然に集める仕掛けでもあるのです。

一見不合理でも、長期でモトがとれる

NGにした候補者と何時間も面談したり、包み隠さず情報を渡して候補者に判断をゆだねる

のは、ビジネスにそぐわず不合理に映ることでしょう。確かに短期的には効率が悪かったり、どうしても欲しい人材を取り逃がすなど、デメリットも目に付きます。

でも、わたし達も慈善事業をやっているわけではありません。長期的にはモトがとれる、むしろこちらの方が得だと考えているから続けています。

採用活動の場合、長期でモトがとれる主なカラクリは口コミです。ネット上で情報交換するのはもちろん、先輩から後輩に「勉強になるからあの会社のインターンは受けた方がいいよ」と代々申し送りみたいに情報が広がるからです。優秀な学生は優秀な先輩からアドバイスをもらうので、バカになりません。

また突然「御社は優秀な候補者からの評価がとても高い。失礼ながら実態を全く知らない会社なので、一度話を聞かせてください」と人材紹介会社から連絡をもらうこともあります。これもどこかでケンブリッジに接した採用候補者が、ポジティブなことを語ってくれたおかげでしょう。

こうして広告にお金をかけずとも、わたし達と相性が良い優秀な候補者の間では「知る人ぞ知る」という状態になっています。これが「長期ではモトがとれる」ということです。

働きがいを高めることが、最強の採用戦略

このようにして一生懸命採用活動をしているのですが、一つ一つの採用の仕掛けよりもよほど重要なことがあります。それはいま働いている人たちが仕事を楽しんでいること。ケンブリッジに応募してくれた人に「どこでケンブリッジを知ったのですか？」と尋ねて驚かされることがあります。

- ケンブリッジとのプロジェクトを近くで見ていたお客様が、お子さんに「絶対受けた方がいい！」と強く推薦してくれた
- 新卒採用のときには内定辞退したのだが、ずっと好きな会社で、数年後に中途採用としてもう一度選考を受けに来た
- お父様がケンブリッジ社員の書籍などを読んでいて、ケンブリッジのファン
- 自分はプロジェクトに参加していなかったが、楽しそうな様子を社内で見て受けに来た

これらはみな採用活動の成果というよりも、普段の仕事を通じてケンブリッジを知った人々の応募です。採用向けのよそ行きの顔を取り繕うのではなく、ありのままを見て「この人たちと一緒に働きたいな」と思ってくれるのが、一番です。

似た話として、社員が知り合いを連れてくるケースが多いのも特徴です。これは「リファー

ラル」と呼ばれ、外資系やコンサルティング会社など中途採用が盛んな業界では一般的です。人材紹介会社から紹介してもらうと高額な紹介料が必要となりますが、その紹介料のかわりに、紹介してくれた社員にボーナスが支給されます。

ケンブリッジで多くリファーラルしている社員にコツを聞いてみたら「実は一回も勧誘したことがないんですよ！」と言っていました。ケンブリッジが好きなので、学生時代の仲間に、どんな会社かをたくさん話しているだけだと。そういう仲間はもともと価値観が近いから聞き入ってくれるし、気づくと自分で勝手に調べて応募しているらしいのです。

お金を払って採用広告を出したり、採用担当が会社の良さをアピールするよりも、ずっと効果的で相思相愛になりやすい採用方法だと思いませんか。すべて、採用活動に力を入れる以前に、普通の社員が普段の仕事で働きがいを感じているからこそ、です。

あなたの会社でやるには？

良い会社と良い採用というのは、ニワトリとタマゴみたいな関係です。つまり、良い会社を作るには、それに適した良い社員を採用しなければならない。でも良い社員は良い会社でなければ採用できない。

こういうとき、どちらかを一気に変えようとしてもうまくいきません。例えばわたしが以前勤めていた会社は、会社の実力の割に優秀な学生を集めるのがうまい会社でしたが、入社した社員はすぐに実態が伴っていないことに気づき、離職者が相次ぎました。採用だけを強引に強化しても、中長期で会社を強くすることには結びつきません。

ケンブリッジも長い間、「キレキレの人材を集める採用力」で勝負する会社ではありませんでした。どちらかといえば、普通に真面目な人材を採用して、じっくり育てる育成力こそが強みでした。この章に書いたような優れた採用ができるようになったのは、この5年くらいのことです。

つまりコツコツと取り組むことが必要なのですが、その際に重視して欲しいことが2つあります。

一つは先に説明した「採用候補者は社員と同じように接する」です。これは採用力を強化する以前の話なので、明日からできます。口に出してその方針を採用候補者にも伝えた方がいいでしょう。そういう姿勢を気に入ってくれる人は、入社後もまっとうな仕事をしたいと思ってくれます。

もう一つは「ウチの会社ならではの採用ってどんなもの？」を考え続けて欲しいのです。この章の冒頭に「新卒採用を始めたときに、大手採用サービスを使わないことを決めた」と書きました。ウチの会社らしくないし、そこで戦っても負けるからです。その代わりに、会社に根付いたフィードバックの文化をそのまま面接に持ち込んだり、「学問をしっかりやっている人を仲間にしたい」という価値観にフィットした論文エントリーを始めました。どちらも「他社の真似ではなくケンブリッジらしい採用活動」だから武器になったのです。

あなたの会社ならではの採用活動が見つかるといいですね。

12 最高の社員に育てる

ほとんどの日本企業では、次の2種類の育成しかやっていません。

a　たまに社員を呼び出し、研修専門会社に丸投げした外部トレーニングを受講させる

b　OJTという名で現場に放り込み、たまたま面倒見の良い先輩がいれば実地指導

大企業や優良企業の場合はトレーニングで演習を多く取り入れるなど工夫をしたり、受講頻度が高い傾向はありますが、五十歩百歩でしょう。もしあなたの会社がこの2つ以外に独自の育成方法を確立しているならば、それは相当良い会社だと思います。

社員ファーストというくらいなので、ケンブリッジではかなりの時間を社員の育成に使っています。「社員のことを真っ先に考える経営」という文脈で一番本質的なことは、社員の成長だから。

でも育成を重視する会社と言われて一般的にイメージする「リッチな研修をしてくれる会社」と、わたし達なりの社員育成はかなり距離があります。

キャリアは自己責任

昔の話ですが、会社に入ってすぐに人事担当から「あなたのキャリアは自分で責任を持ってください。つまりキャリアは自己責任です」と言われました。成長して次々とチャンスを掴むのも、ゆっくりとしか成長しないのも、停滞するのも、本人次第ですよ、という意味です。

この会社に入ればさまざまな経験ができて、成長もしていくんだろうな、と期待して転職したのですから、面食らいました。さすが外資はドライだなぁ……と。ただよく考えてみると、これって当たり前のことなんですよね。外資やベンチャーではなく、年功序列の大企業に勤めていても同じです。

極端な例で考えてみましょう。毎月淡々と同じ部署で原価計算や購買手続きをしている人がいたとして、その人があまり勉強もせず、仕事を改善するために自主的な活動もしていないとしましょう（こういう人はたくさんいそうですね）。おそらくこの人は「この会社、このルール、このシステムでしか仕事ができない人」です。

こういう人はいざ業績が悪くなってリストラされても、転職して他社でいい仕事をするのは難しいでしょう。もちろんそのとき、会社にはその社員を助けてあげる余裕はないはずです。もはや絶対潰れない会社なんて日本にありません。業績が良かったとしてもリストラをする会社も増えてきました。

ですからキャリアについて「会社の異動命令にしたがってコツコツと仕事をしていれば、悪いようにはならない」という昭和的な感覚はさすがに通じません。「10年、20年後に、今の会社以外でも価値のある仕事ができるか？」は、自分に降りかかってきます。まさに「キャリアは自己責任」といっていいでしょう。

多くの大企業では50歳くらいでセカンドキャリア研修をしているようです。でも「自分の成長を誰かにゆだねるのではなく、自分で考えなさいよ」というメッセージを50歳に言うくらいなら、入社初日に言ってあげた方が親切ですよね？　大事なことなんだから。

初日から一見厳しいこと（それは会社の方針というよりは、単なる世の中全般の事実なのですが）を言う一方で、会社としては社員の成長を全力で支援しています。つまり「社員には自覚や責任を求める」と「会社として育成をおろそかにしない」は矛盾しません。両方必要なのです。

ケンブリッジが育成に力を入れるのは、第一に社員が成長しないと、高度な仕事を受注できない、というシンプルな理由です。それに加え、社員ファースト経営という意味でも重視しています。仕事ってうまくできないとしんどいだけだし、誰だって毎日できることが増える実感があった方が楽しいですよね。社員の働きがいを上げるために、全社員が成長を実感できる状態にするのはかなり有効です。

ところで、他社よりも熱心に育成しているにもかかわらず、「キャリアは自己責任」と一見突き放すような方針を掲げているのには理由があります。それは、自主性を伴った学習でなければ、わたし達の仕事では役に立たないからです。

コンサルタントというのは変革においてお客様をリードするのが仕事ですから、単に知識があるとか、事務処理ができる人間ではなく、「現状を所与として受け入れず、思考停止しないで主体的に考え続けるリーダー」を育てなければなりません。ビジネスの成否はほとんどこれだけにかかっています。

こういう主体的なリーダーって、会社に言われて「リーダーシップ5日間コース」を受講したって育ちません。それだと「言われたことを、どれだけ要領良くやるか」というマインドから抜け出せないからです。

そうではなく、

「お客さんのためになることってなんだろうか？」

「どうやったらこの難しいプロジェクトを成功させられるだろうか？」

「そのために、自分に足らない知識／スキルはなんだろうか？」

を主体的に考え続けることでしか、主体的に仕事をするリーダーに育っていかないのです。

したがって、この章で説明するケンブリッジの育成の仕組みはすべて、「口を開けて待っていると、会社や人事部が知識をくれる」という感じではありません。そもそも育成の主体は人事部門ではなく、コンサルタントが仕事をしながらやっています（人事部門はわずかな工数でコーディネーターをしているだけ）。

ここからはコンサルタントが日々やっている育成活動をトレーニング、ＯＪＴ、プロジェクト配属、の３つに分けて具体的に説明していきましょう。

多様なテーマ、多様なスタイルのトレーニング

毎週金曜になると、朝から夕方までさまざまなトレーニングがオンラインで開催されています。ある金曜日（２０２２年4月22日）のトレーニングメニューを書き出してみましょう。この日はちょっと多めで、11個開催されていたようです。

a　新規事業立ち上げゼミ
b　脱炭素社会に向けた環境ビジネスの動向
c　コンサルティングの基礎
d　メールの書き方
e　プロジェクト上流で必要な思考力
f　会計ゼミ
g　〇〇ＰＪでのパートナー選定事例勉強会

h　WBSの書き方
i　座談会「品質とは」
j　データ移行
k　ネットワーク基礎

このうち、cとdは新卒社員をターゲットにした基礎編ですね。またgやhはプロジェクトマネジメントスキルですし、i～kは社内のテクニカルアーキテクト（システム技術に詳しい集団）が主催した、システム構築ノウハウについてのトレーニングです。

bやgは、終わったばかりのお客様とのプロジェクトの事例を社内で共有する勉強会です。「今回はこういうテーマに取り組んで、こういう結論を導き出した」とか「こんな分析に苦労した」「新たに編み出した方法論はこれ。こういう状況で有効」など、仕事が一段落ついたらすぐに、得たノウハウをプロジェクトに参加していない社員にも共有します。

また、aとfにはトレーニング名に〝ゼミ〟とついているので、同じメンバーが数カ月かけて一つのテーマを学ぶ、シリーズもののトレーニングです。

見ていただくと分かるように、切り口やテーマは良く言えば多様、悪く言うとバラバラです。この日は開催されていないようですが「カルチャーについて議論する座談会」や「複業やってみてどうだった？」のような、ノウハウというよりはワークスタイル寄りのテーマもあります。

トレーニングの形式もバラバラ。しっかりと作り込んだ資料が何年も受け継がれていて、体系化されたノウハウを学ぶタイプのトレーニングもあれば、あるテーマで有識者が話すのを参加者が聞いたり質問したりする、ゆるい座談会もあります。

どのトレーニングでも、ノリはカジュアル。リモートワークが定着した最近では、自宅でお昼を食べながら視聴する社員なんかもいますね。わたし自身はよく散歩しながら参加しています。でも中身については熱心で、質問や感想がばんばん飛び交ったり、チャットに書き込まれます。参加者もテーマに即した経験談を語り始めるなど、「講師の講釈を一方的に拝聴する」という感じでは全くありません。

社員はこのように開催されているトレーニングのなかから、好きなものに参加します。たいていは自分の興味やキャリアに合わせて決めていますが、迷ったら相談に乗ってもらうこともできます。逆に言うと「これに出なさい」という命令は一切ありません。すべて自己判断です。

全社員がトレーニング講師

ケンブリッジのトレーニングで一番の特徴は、カジュアルさや熱心さではなく、主催者（講師やコーディネーター）が社員自身であることでしょう。しかも受講だけでなく、主催も業務命令ではなく、ボランティアです。

社外講師を招いてのトレーニングは全体の5%以下しかありません。つまりほとんどが自家製。トレーニングとは「仕事をうまくやるための方法論を教える場」です。ケンブリッジには独自の方法論がありますから、それを教えられるのは方法論を編み出し、日々実践しているコンサルタントしかいません。本業で忙しいのでアウトソースしたい気持ちはあるのですが、単純に無理なのです。

社外講師を招いたトレーニングであっても、主催者は社員（ほとんどの場合は現場のコンサルタント）です。自発的に「社内にはないナレッジを取り入れるために、ゲスト講師を招こう」と、コーディネーターをつとめます。そうしないと、現場から乖離した、役に立たない知識を垂れ流す場になってしまいます。

もう一つ特徴があります。トレーニングを作ったり講師をつとめるのは、ベテランコンサルタントに限らないことです。すでに資料がある定番トレーニングの講師は、入社後数年で担当するようになります。そのころになれば、プロジェクトでの実戦経験を積んでいるから、単にトレーニング資料に書いてあることを読み上げるのではなく、自分の体験を披露したり、受講者と議論できます。

少し経験が足らずに自信がないケースでは、サポート役としてベテランに声をかけます。開催事務やメイン講師は若手が担い、ややこしい質問や経験を語るパートはベテランを頼ります。こうすれば若手であっても、講師として十分貢献できます。

プロジェクトマネージャーになるころには、自分で新しいトレーニングコンテンツを作る人も出てきます。それどころか、入社後1、2年なのに自分で新しいトレーニングを作る社員もいます。

例えば、議事録作成は若手コンサルタントの重要な仕事ですが、トレーニングはありませんでした。そこで新卒新人たちが、翌年の新人のために作ってくれました。議事録のようなちょっとしたことでも、ノウハウが暗黙知のままよりは、形式知化されていた方が早く学べるし、仕事の品質も高くなります。何より「来年の後輩が自分たちと同じ苦労をしないために」というボランティア精神がいいですね。

他にも、こんな文で宣伝されたトレーニングもありました。

…………

このトレーニングコースは、かつてパッケージ選定作業で大ハマリした際、「この悔しい経験をなんとか昇華させたい」と思い、マネージャーの力を借りながら作ったものです。

システムパッケージを選ぶ作業の中でも「評価基準」にフォーカスを当てたトレーニングで、範囲は狭いけれども、必要としている人にはとてもありがたい指針になったようです。他にも、「超難しいプロジェクトで、キャリアが浅い人がちょっとでも貢献するためのコツ」みたいな、当事者じゃないと作れない、生々しいものもありました。

つまり、業務で情けないほど悪戦苦闘したら、トレーニングや勉強会を企画するのです。そうすれば、ノウハウが言語化され、とことん自分のモノにできるし、同僚を助けることにもなります。

実は創業時から「全社員がトレーナーになるべし」と言っていたわけではありません。当初はアメリカ本社からトレーナーを招いていました。彼らが帰ったあと、日本人が見よう見まねで再演をしたのが最初です。

そのうち、もともとのメソドロジーにはなかった要素を足し、日本の実情に合っていない要素を少しずつ変えていくようになりました。新しいサービスをやるようになったら、他の人も真似ができるようにトレーニングを作っておきます。

そうこうしているうちに、気づいたのです。「トレーニングの講師をやる社員、特に自分でトレーニングを企画し、作る社員が、最も成長する」という事実に。

よく考えれば当たり前かもしれません。トレーニングを企画すると、

- 失敗が許される社内で、チャレンジする経験
- モヤモヤしたノウハウを抽象化・言語化する訓練
- 企画の訓練（何が必要とされていて、誰に届けるか？）
- プレゼンの訓練（どういう切り口で伝えたら理解されるか？）

〇ファシリテーションの訓練
〇社内マーケティングの訓練

など、実に多様な能力を鍛えられるのです。

しかも、イマイチなトレーニングをやると、すぐに厳しいフィードバックをもらうし、何より参加者がつまらなそうにするから、すぐに反省できます。もちろん文句ではなく、提案をもらえるので改善できます。

つまり、仕事の総合力をすごく鍛えられるのです。なにより「与えられたものを摂取する」という受け身の姿勢から、学ぶということに対して、主体的な姿勢に転換できるのも大事なことでしょう。全員トレーナー、おすすめです。

EXAMPLE

トレーニングシステムを勝手に作っちゃいました

たいていの大企業にはトレーニング管理システムがあり、社員の研修履歴を管理したり、育成部門が研修担当者をリストアップするのに使われています（例えば課長にもうすぐ昇進しそうな社員を検索して、研修案内メールを一斉に送付するなど）。そのシステムでe-Learning を受講できるようになっているケースもあります。

ケンブリッジにもＬＥＣＯというトレーニング支援システムがありますが、「トレーニング管理」と「トレーニング支援」とは似て非なるものです。ＬＥＣＯの目的は育成部門が管理することではありません（そもそも育成部門がない）。

そうではなく「社員がボランティアでトレーニングを開催し、社員が自主的に受講する」という先に説明したケンブリッジのトレーニング文化を促進するためのツールなのです。

ａ　自分が講師をできるトレーニングを登録

ｂ　自分が受講したいトレーニングをリクエスト

ｃ　リクエストに応じて、講師に開催依頼が飛ぶ

ｄ　トレーニング受講後に、講師に感想や改善点をフィードバック

ｅ　受講したトレーニングについて「次回は自分で講師ができるか？」を記録

ｆ　自分の受講履歴を見ながら、次にどのトレーニングを受講するか検討

ｇ　自分が受講したいトレーニングをリクエスト（ｂに戻る）

このサイクルでいえば、ｆはどのトレーニング管理システムでもある機能ですが、ＬＥＣＯの特徴はｃ、ｄの機能がトレーニング開催のモチベーションをアップさせることです。

特にｄのフィードバックは重要です。単に教えっぱなしではなく、感謝や改善提案が受講者からもらえれば、トレーニングを開催してよかったと思えます。フィードバックする側も、「このトレーニングで何を学んだだろうか？」「どういうときに活かせるだろうか？」

6. コースの中で得た気づき・新しい知識は何ですか。明日から何を実践しますか？

氏名	回答内容	回答日時
	少人数で色々ディスカッションしながら進められて楽しかった。 改めて基礎の復習にもなったし、改めて気を付けることを実感した。 リモート下でのふるまいや、演出を考えていきたい	22/04/24 08:31
	一番はっとしたのは、お客さんが買っているものです。Tobe像、プロセス、合意、信頼できるパートナー、ワークスタイルとありましたが、お客さんがコンサルタントを買ったのではなく、ケンブリッジを買ったかが重要なのだと改めて気づきました。（なぜ他社じゃなくケンブリッジなのか？） Tobe像やプロセス、合意だけだったら他のコンサル会社でもよかったかもしれない。だけどそうでなくて、ケンブリッジを選んでくれた期待値がある。それを満たすことが大事だと気づきました。（例えば、家のリフォームをしたい！という買い物をする時に、なぜこのお店でなくて、あっちのお店なのか？そこには明確な期待値や理由があるなと）。 上記の価値はチーム全体で提供するものだと改めて気づきました。だからチーム全体でバリュー出す必要がある。 加えて、お客さんはトータルパックで買ってくださったかもしれないが、自分は部長の二倍のお金ももらっている。なので、改めてその対価を噛み締めつつ、お客さん以上にお客さんのこと、PJのことを考えて自分がどのようなバリューを発揮することが大事なのか考えるきっかけになりました。	22/04/22 17:53
		22/04/22 17:37
		22/04/22 17:13
	論点の出し方について、今までゴールのそのものを見極める能力ができないのだと思っていたのですが、コメントのやりとりなどを聞いていると、ストーリーを組み立ててゴールへ持っていく力がないのだと思ってきました。「今回の話には直接関係ないから、資料のボリュームが多くなるから...」で経緯をおざなりにしていましたが、結論に至るまでの経緯を大切にすることが大事。	22/04/22 17:07

LECOのフィードバック画面

を振り返ることで学びが深くなります（図はLECOのフィードバック一覧画面。「上流での思考力」というかなり抽象的な内容のトレーニングですが、ディスカッションを通じて、受講者それぞれが今後に向けた気づきを持ち帰ったようです）。

そして自分が担当できるトレーニングのリクエストをもらえたら「教わりたい人がこんなにいるんだったら、いっちょやりますか！」となるものです。

このようにLECOは、まずは講師のため、そして受講者のために作られています。育成部門や会社はユーザーとしてほとんど想定されていません。強いて言えば、毎年「ベストトレーニング賞」を表彰する際に、選定のためにフィードバックに目を通せることでしょうか。たまに激アツな（熱心な）フィードバックがあった

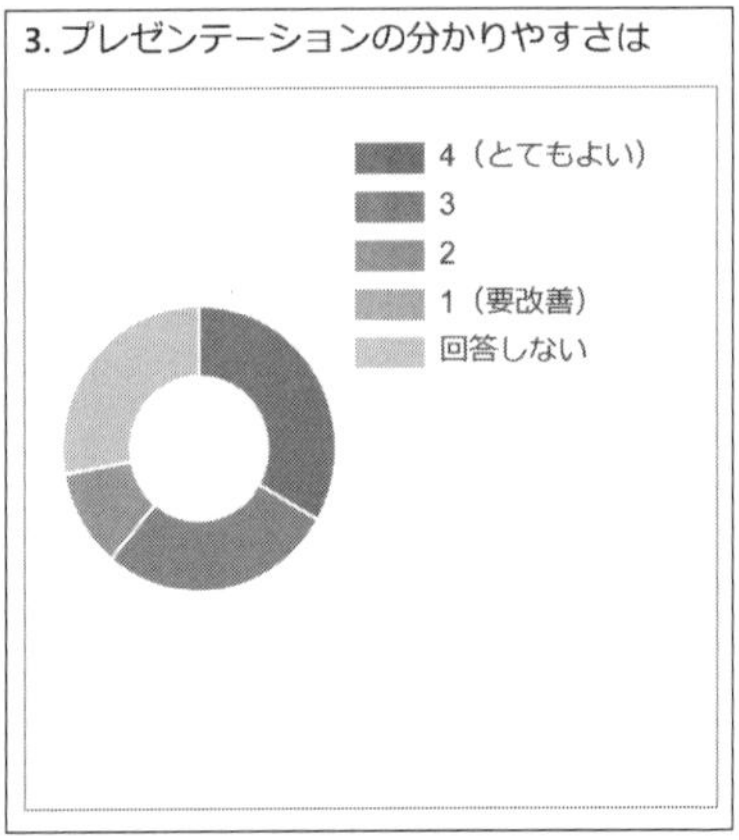

LECOのフィードバック画面

りして、「おお、この人がこんなにいいトレーニングを開催してたのか……」と驚かされます。

LECOのもう一つの特徴は、LECO自体が社内トレーニングにおいて、ボランティアベースで作られたことです。

ケンブリッジにはFukkoというITを修業するためのトレーニングがあります（8章のインタビューで広沢さんがチラっと触れていました）。これはかなりハードなカリキュラムで、1年にわたって実際にシステムを作ることを通じてITノウハウを学びます。

ある年のFukkoメンバーが「みんなの役に立つシステムを作ろう！」「だとしたら、ボランティアで講師をやってくれる社員を応援したいね！」と盛り上がって作ったのがLECOです。

もともとはレゴブロックで作った社員ごとのトレーニング星取表がオフィスに掲示されていました（受講済み／講師できます、をブロックの色で表現）。社員数も増えたことだし、これをオンライン化しよう！　と作られたのがLECOの第一歩です。

レゴ時代のトレーニング星取表

そしてせっかく星取表をオンラインにしたのだから、トレーニングの開催希望があったら、講師候補者に依頼できるようにしよう……と機能強化していったわけです。

ＬＥＣＯチームに話を聞くと、最初は「会社にとって意味があるのかな？」「みんな使ってくれるのかな？」と半信半疑だったみたいです。だから「会社にプレゼンして投資の承認を得よう」みたいな感じだったら、ＬＥＣＯは誕生していなかったでしょう。

でもあくまで自分たちのＩＴ修業のためだから、気軽に始められた。現在では全社員が使い倒す、なくてはならないツールになりました。ユーザー＝開発者だとやはり良いものができます。

ちなみにこういう経緯で作られたので、育成の責任者であるわたしも、完成するまではほとんど把握していませんでした。これも「社員が勝手に会社を創る」の好例ですね。

社外から「ウチのカルチャーにも合うから、ＬＥＣＯ

を使わせて欲しい」という引き合いもあるらしく、開発チームは外販に向けてさらなる機能強化に取り組んでいるみたいです。

トレーニングよりOJT

全社員が自主的にトレーニングすることを熱心に語った直後で気がひけるのですが、トレーニングよりも、実践の場で社員同士が鍛え合うOJTの方が、育成効果が高いと感じています。

もしかしたら「どちらが上」という議論には意味がなく、「トレーニングで学んだことを、実践で指導を受けながら反復訓練する。不足を実感したのでまたトレーニングで復習する」というサイクルこそが大事なのかもしれません。

この章の最初に書いたように、日本企業でOJTというと「単に現場に放り込むだけ」というケースがありますが、それでは成長スピードは速くなりません。そうではなく、

- 小さくとも独立した仕事を担当させる
- その仕事の進め方を考えさせ、先輩に説明させ、指導を受ける
- やってみる
- フィードバックやアドバイスをする

○こまめに振り返りをする（毎日が基本）
○仕事に一区切りついたら全体を振り返る（3カ月に1回など）
○次回受けるべきトレーニングを特定する

こんなサイクルを回すのがケンブリッジ流OJTです。入社後数カ月は仕事を前に進めることよりも、自分の成長を優先させる必要がありますから、お客様からお代はいただきません。「本人も不慣れだし、周りも多少は世話を焼かせてもらいますが、いないよりは価値を出せると思います。この場を借りて勉強させてください」というお願いをして、プロジェクトに参加させていただくのです（どのお客様も快く受け入れてくださいます）。

お客様に高い価値を出すプレッシャーからは解放されているのですが、それでもこの期間中に苦労する社員がほとんどです。変革プロジェクト自体に慣れない人、他社とケンブリッジでのワークスタイルの違いに戸惑う人、まったく知見がない業務の知識習得に苦労する人……。

ここで書いた「仕事のなかで意図的に学ぶ」というOJTのサイクルは、入社直後だけでなく、ずっと続きます。そのために社員はお互いに実によくフィードバックをしますし（あなた、こうだったよ、と伝え合う）、振り返りと考察を定期的に行うための場もプロジェクトサイクルに組み込まれています。また、本書では詳しく書きませんが、人事評価も評価のためだけでなく、成長に欠かせないフィードバックツールとみなされています。

もちろんこうしたOJTやフィードバックは人事部門ではなく、現場の社員たちが主役。この章の冒頭で「教育熱心と言っても、リッチな研修をしてくれる会社とは思わないでね」と書いたのはこうした事情からです。

誰と、どんな仕事をするか?

このように現場での育成を重視しているので、「どのプロジェクトに配属され、誰とどんな仕事をするのか?」は育成に決定的なインパクトがあります。わたし達コンサルタントは、プロジェクトによってかなり仕事内容が変わるので、単純に得られるノウハウや知識もプロジェクトによりけりだからです。

仕事内容に劣らず「誰と」も大事です。上司から学ぶことが多いのはもちろんですが、横並びや部下に当たる同僚からもフィードバックや改善提案は寄せられます。そして素晴らしいお客様から教えていただくことも多くあります。

そのため、プロジェクトへの配属を決めるときは「この配属が本人にとって学びになるか?」がとても重視されます。具体的には、

- ちょうどいいストレッチか?(難しすぎない、適切な背伸びが求められる仕事か?)
- 同僚同士の相性が良く、学び合えるか?
- 長くペアを組みすぎていないか?(多くの社員と仕事をした方がスキルを盗みやすい)

みたいなことを議論します。

もう一つ特徴的なのは「2年おきにローテーションする」というガイドラインがあることです。わたし達コンサルタントは客商売ですから、いい仕事をして信頼を勝ち取るほど「ウチの会社にずっといてください」と言っていただけます。システム構築やコンサルティングの業界では「入社以来10年、このお客様に常駐しています」というケースが結構あります。

これは商売という意味ではとてもありがたいことなのですが、長すぎると社員の成長という意味で問題が出てきます。一つのお客様のもとでずっと仕事をしていると、その会社独自の業務に精通することになります。一見良いことなのですが、これは同時に、コンサルタントがその会社の社員と似たような人間になることを指しています。その会社だけが抱える隠れた課題に気が付かなかったり（当然だと思ってしまう）、他業界で有効な施策を援用するアイディアも浮かびにくくなります。その会社に特有な意思決定の癖にどっぷり浸かり過ぎて、他社とはうまく仕事できなくなる、なんてことも起こります。

そしてコンサルタントとして致命的なのは「これまでのキャリアとは全く違うことを始める能力」が鍛えられないことです。つまり業務知識を超スピードで吸収し、ビジネスモデルを洞察し、そこで働く人々の組織力学を察知する能力。

これは新しい仕事に配属されてすぐに貢献しようともがくことでしか身につかないので、一つの仕事をずっとやり続ける事態は避けなければなりません。このため、2年以上同じお客様、同じ役割で仕事を続けないようにする、というガイドラインを作ったのです。

もちろん、プロジェクトをこちらの事情で急に抜けてお客様に迷惑をかけるわけにはいきませんから、こちらの持ち出しで引き継ぎをし、業務が継続できるようにします。逆にいえば、そうしてコストをかけてでも社員がさまざまなプロジェクトで経験を積めるようにしているのです。

あなたの会社でやるには？

「エンジニアが自主的に社内勉強会を継続してやっています！　うちの会社イケてるでしょ」みたいなブログを結構見かけます。それくらいでドヤ顔できるのであれば、社員全員が講師になって毎週いくつもの質が高いトレーニングが開かれていることをもっとアピールした方がいいのかなぁ……などと思ったりもします。

この章に書いた「社員全員が講師になり、教え合う」というのは、かなり一般の会社とは距離があるかもしれません。でも立ち止まって考えてみて欲しいのです。例えば営業を育成する場合、自社の商品を売るノウハウを一番持っているのは、社外の講師なんかではなく、自社で一番優秀な営業のはずです。そういうエースが自分のノウハウを言語化し、惜しみなく教え合うのが一番組織が強くなりますよね？

ケンブリッジのように「全社をあげて」というほどでなくとも、これを部分的にやっている会社はあります。以前お客様の会議室で「山田課長が語る！　新規法人のくどき方！」みたいな研修を営業さんがやっているのを見かけました。

そういう「口伝」みたいな知恵を誰にでも分かりやすく教えるのが好きな人は、どの会社にも（探せば）いるものです。あとは7章「自分の会社は自分で創る」のところでも触れたように、そういう社員の意欲を潰さずに、うまく引き出すだけです。

もしエース社員がやってくれなくても、「わたしが実践している営業手法」を部内に教えるミニ勉強会などを、始めてみるのがいいと思います。最初はささやかでもいいので。口を開けてないものねだりするよりは、まずは自ら動く。

そうしているうちに、エースが勉強会に顔を出してノウハウを語ってくれたり、他の人も別のテーマで勉強会を開催してくれたり……。根気はいりますが、踏み出してみてください。

なおこの章で少し紹介した、現場での実践からノウハウを抽出してトレーニングにする方法、現場のＯＪＴでリーダーを育てる方法などは、以前『リーダーが育つ変革プロジェクトの教科書』（日経ＢＰ）という本に書きました。３６０ページもある分厚い本ですが、もっと詳しく知りたい！　という方は是非読んでみてください。

13 発展途上の社員ファースト

社員ファースト経営とは結局なんなのか?

さて、ケンブリッジという実例を土台にして、社員ファースト経営について長々とお話ししてきました。本を終えるにあたり、社員ファースト経営を7つの要素に分けて整理しておきましょう。

7つの要素❶ 社員のことを真っ先に考える

顧客に良いサービスを提供するためには、それを担う社員が優秀で、活き活きと自主的に仕事をしていなければなりません。だから「顧客のためを思えば思うほど、自社の社員を大切にせざるを得ない」という逆説的な構造になります。社員ファースト経営を簡単に言えば「**まずは社員の働きがいを最大化する経営**」です。

○社員ファースト経営　7つの要素

1. 社員のことを真っ先に考える
→ 顧客や株主のためにも、社員の働きがいを大切に
→ 誇れるエキサイティングな仕事を厳選する
→ 仕事を楽しめるように自ら動く

2. コンセンサス重視
→ ファシリテーションという技術を経営にも活用し、何事も皆で議論し、決める

3. 原理原則で判断
→ 過剰なルールを廃し、原理原則にもとづくケースバイケースで意思決定する

4. オープンでフラットな組織
→ 上下関係を意識せずに仕事をする
→ 誰もが発言し、隠し事のない組織にする

5. 会社は社員が創る
→ 会社が何かをしてくれるのを社員が待っている経営ではない
→ 自分たちの会社は自分たちで創る

6. 社員ファースト経営に合った人材を
→ 顧客ファーストが染み付いている社員を採用する
→ 自主性や献身性を育み、応援する

7. 社員ファーストの強みで戦う
→ 活き活きと仕事をする社員が競争優位の源泉

そのための第一歩としておすすめなのが、仕事を楽しむ文化を育むことです（2章「仕事を楽しめる仕掛けを作る」参照）。

といっても「会社が社員を楽しませてあげる」ではありません。「社員が仕事に楽しみや喜びを持ち込むことを奨励する」という感じでしょうか。あくまで社員たちが自分でやる。会社はそれを勇気づけたり容認することしかできません。この姿勢は要素❺「会社は社員が創る」にも繋がっています。

会社が押し付けるわけではないので、社員たちが多少のハメを外すときもありますし、それ

をたしなめたら急にしょんぼりしたり……。文化を育むというのは結構難しいものです。「仕事に楽しみを持ち込むなんてとんでもない！」という組織風土が一般的なのだから、まずは思いっきり許容することから始めるくらいがちょうどよいでしょう。

ただし仕事を楽しむ文化は、働きがいを高める第一歩にしか過ぎません。社員が優秀であればあるほど「仕事にお遊び要素があるか?」という小手先ではなく、「日々直面する仕事の手応え」という本質的な部分こそが働きがいを左右するからです。

ワクワクする仕事か？　貢献したいと思えるプロジェクトか？　尊敬できるお客様か？　挑戦しがいがある難易度か？　成長できる仕事か？　そんな話です。これを担保するためには、仕事を厳選するしかありません。売上額よりも、社員がやりたい仕事か？　社員が成長できる仕事か？　を優先するのです（3章「仕事を選ぶ」参照）。

社員ファーストというのは、単に「社員を思いやる」というふわふわした姿勢ではありません。売上、利益など、株式会社として重視されている指標よりも「社員にとってどちらがよいのか?」を優先させる、たいへん厳しい姿勢です。時に世間の常識に反することもあるでしょう。

こうして社員のことを真っ先に考える経営は、短期的には損をするように見えるかもしれません。でも中長期では、良い社員は良いサービスを通じて売上利益をもたらすのです。

7つの要素❷ コンセンサス重視

ボスの一存やその場の空気で物事を決めるのではなく、何事も関係者と話し合い、その場の全員が支持できるコンセンサスを作る。こういう意思決定を積み重ねて組織運営する方法を「ファシリテーション経営」と呼んでいます（5章「ファシリテーションで経営する」参照）。

みんなが方針に納得して、過剰な管理をされなくても自主的に仕事をする状況は、多くの経営者が目指していることでしょう。でも大方針から小さな決め事まで、すべてについてコンセンサスをつくるなんて、十分な議論スキルがない会社では、全く現実的ではないですよね。でも社員全員がファシリテーターであれば、実現できます。

以前わたしが「ティール組織って難解な概念だけれども、要は〝サル山のボスザル〟がいなくても回る組織のことだよね。マウンティング合戦や縄張り争いがなくても、円滑に回るように、カルチャーや仕組みが整えられた組織」とTwitterに書いたことがあります。すると『ティール組織』の訳者の方から「まさにその通り！」と返信がありました。

「ケンブリッジがティール組織だ」とは言いませんが、コンセンサス重視の組織運営を突き詰めると、「サル山のボスザルがいなくても回る組織」に近づいていくのは確かです。

7つの要素❸ ○─○ 原理原則で判断

コンセンサスを重視していると、決定の理由をすべて言語化していくことになります。そうして蓄積された価値観を明文化したのがPrinciple（原理原則）です。これを書き上げると、社内の隅々へ「ウチはこういう会社だ！」と周知することができます（6章「原理原則で経営する」参照）。

このおかげでボスの属人的な判断から逃れることもできるし、詳細なルールを作らずとも公平で柔軟な組織運営も可能になります。ケースバイケースで判断しているにもかかわらず、原理原則にもとづいているから「ウチの会社なら、当然そう判断するよね」と社員誰もが納得している状況。Principleは自律的な組織を作る処方箋といってもよいかもしれません。

7つの要素❹ ○─○ オープンでフラットな組織

議論重視、コンセンサス重視、原理原則の明文化を進めると、大きな副産物がついてきます。社員が物怖じせずに意見を言うようになり（オープン化）、仕事に上下関係を持ち込まなくなるのです（フラット化）。

「何でも自由にやりたまえ！　と言っているのに、最近の若者は大人しくて」という愚痴を経営者から聞きます。お言葉ですが、おそらく問題は若者の側ではありません。「自由にやったら後でひどいことが待っている（かも）」と若者に思わせる組織文化こそがガンなのです。いわゆる心理的安全性が担保されていない状態です。

要素❶～❸をやっていると、自然に「自由なのに心理的安全性が確保された状態」が生まれます。この土台があってはじめて、社員が自主性を発揮して勝手に活躍するようになります。これは社員ファーストそのものですし、要素❺「会社は社員が創る」の前提にもなるのです。

7つの要素❺ ── 会社は社員が創る

「社員ファースト」というと、会社が社員にあれこれ世話を焼いてあげる姿を想像する人も多いでしょうが、実態は逆です。社員が会社を良くするために、自主的にあれこれやっているのです。会社は単にそれを許容したり、予算やルール面で応援するだけ。（7章「自分の会社は自分で創る」および8章「ワークアウトで会社を変えてもらう」参照）

言ってみれば、会社にとって誠に都合が良い状況です。この状況を作るヒントは、実際に嬉々として活動している社員の「前の会社では、こんな活動をするなんて考えもしなかった」という言葉に潜んでいます。つまり機会と環境さえ整えれば、社員の多くは会社創りに時間を割くようになるのです。

「社員ファーストと言いながら、実は社員自身が精力的に会社を良くしている」というこの構図は、社員ファーストなのに（だからこそ）高収益である秘密の一端だと言えるでしょう。もちろん自分で創った会社には愛着が湧きますから、長く働きたいと思う社員が増えることも、転職しやすい業界では高収益に寄与しています。

一方で「なぜ社員が個人の利益ではなく、会社全体を考えているのか？」の理由としては、「会社が良くなれば、結局は自分にとってメリットがある」と信じているからでしょう。つまり要素❶「会社は社員のことを真っ先に考える」と社員から信頼されているのです。

7つの要素❻ ─ 社員ファースト経営に合った人材を

社員ファースト経営と、それにマッチした自主的な社員は、ニワトリとタマゴの関係にあります。自主的な社員がいなければ社員ファースト経営はできないし、社員ファースト経営をやっていると、社員がどんどん自主性を獲得していきます。

そのニワトリタマゴ関係を強化しているのが採用と育成です（11章「最高の社員の集め方」および12章「最高の社員に育てる」参照）。

社員ファーストと言いながら、採用候補者にひどい振る舞いをするのは論外ですから、応募者も社員と同様に接します。つまり効率を無視して親身なフィードバックをしたり相談に乗るのですが、おかげで評判が高まって優秀な候補者が応募するようになりました。そうして採用した新入社員は、数年後にケンブリッジらしい社員を採用する原動力になります。この「短期的には損に見えても、長期で元を取る」という構図は、社員ファースト経営の至る所で観察できます。

育成も同様です。新入社員を受け入れた以上、寄ってたかって育てる姿勢は全社員が持っているし、現場での育成上手や優れたトレーニングを開催する社員が尊敬もされます。なぜこんな〝利他行為〟をしているかと言えば、きっと要素❺「会社は社員が創る」の一環なんだと思います。わたし達のような資産を持たないサービス業では、社員のスキルが唯一の競争力ですから。

7つの要素❼ 社員ファーストの強みで戦う

社員ファースト経営についてこの本でこれまで説明してきたことの大半は、「顧客よりも社員のことを」「多少時間をかけてもコンセンサスを重視する」「売上より育成を」などと、短期的には損するようなことでした。

それらはすべて、上司の命令を待つのではなく、自ら顧客のためにアイディアを出し、実行できる人材を育てるため。そして育った社員に活き活きと活躍してもらうためです。ルールのない新規事業や変革プロジェクトでは特に、現場判断が仕事の質を決めます。つまり変化の激しい経営環境では、こういった社員の数と質こそが組織の競争力なのです。

これはなにもコンサルティング会社に限ったことではありません。

この数年、ビジネス界では「DX人材」の採用や育成が叫ばれています。単にデジタル技術に詳しい人ではなく、デジタル技術をテコに組織を変革できるリーダーのことです。

時代に合った人材を採用、育成すること自体は当たり前です。でも落とし穴があります。それは仮にそんなスーパーマンを採用、育成できたとしても、会社自体が旧態依然としていたら、その人材が居続ける理由がない、ということです。

そういう人材は引く手あまたですから、仕事のやりがいを高めたり、しがらみなく活躍できる舞台を整えたりしない限り、すぐに転職してしまうのです。待遇だけを良くしても効果は薄いでしょう。転職市場で見劣りしない待遇は必要条件ではあれども、十分条件ではないのです。

優秀な人材について考えるときに採用と育成だけ気にするのは、終身雇用の名残りです。変革リーダー、特にＩＴを武器として使いこなすような人材が根を張り、会社に利益をもたらすようにするためには、社員ファーストという土壌が必要なのです。

個々の社員ではなく、組織全体に目を向けると社員ファーストの強みはさらに際立ちます。過剰なルールや管理を必要としないので、効率が良くスピーディ。ひとたびコンセンサスを作れば、自律的な社員がどんどん実行していく。突発的な事態にも社員同士が話し合って柔軟に対応していく……。

こうして活き活きと顧客のために働く社員と、効率的で柔軟な組織の力で、質の高いサービスを提供する。このことでようやく、これまでの損を一気に挽回し、お釣りが来るという構図です。

売上や利益を短期的に目指さないこの経営は、一見不合理です。だから競合他社は真似しようとすら思いません。したがって、模倣されない競争優位の源泉となるのです。

こうして本書をざっと振り返ると、社員ファースト経営の名のもとに、さまざまな要素が嚙み合っていることを理解いただけると思います。わたし達ケンブリッジも15年かけて少しずつ進化させてきました。

残念ながらまだ「たったの2年で社員ファースト経営を立ち上げる！」みたいな方法論は確立できていません。皆さんも本書の中から自社にあっていそうなところ、できそうなところからはじめ、徐々に深く広く社員ファーストな会社を作っていってください。

発展途上の社員ファースト経営

この本は社員ファースト経営のメリットを知ってもらうことが目的なので、ケンブリッジという会社がすっかり出来上がっている印象を抱いた読者もいるかもしれません。

実際には全く違います。もし「こんな会社で楽しく働きたいな」と、出来上がっているケンブリッジに乗っかろうと入社を決めた人がいたら、きっと失望することでしょう。わたし達だってもがいている最中だから。そうではなく「自分もこんな会社を創る一翼を担いたい」という人こそが、ケンブリッジに入って楽しく働けるのだと思います。

特にまだまだだな……と思っている点を2つ紹介しましょう。

できていないこと❶ やりたい仕事への配属

いまのケンブリッジで、この本で掲げた理想からもっとも乖離しているのは「社員一人一人を、本人が本当にやってみたい仕事に配属すること」でしょう。

「こんな仕事にチャレンジしたい」「自分が一番ワクワクする仕事をしたい」というのは社員の働きがいに直結しますから、社員ファースト経営を標榜する以上、真っ先に追求すべきです。どんな仕事が程よいチャレンジなのか、どんなプロジェクトに興味があるのか？　は社員一人一人で千差万別ですから、「仕事と社員の最適なマッチング」が求められます。

でも一方で、わたし達はプロジェクトの成功請負人として、お客様に高品質で一貫したサービスを提供する必要もあります。社員個人としては一番やりたい仕事ではなくても、お客様が必要としている……というケースは多いのです。ここに解決し難いジレンマが潜んでいます。

お金で解決できるならば、売上を犠牲にしてきちんと引き継ぎをして、本人が希望する他の仕事に移ってもらうことができます。でも「この仕事はAさんでなければ！」という状況はどうしてもある。それはAさんがこれまでいい仕事をしてきたことで発生しているので、悩ましいのです。

Ａさん本人としても、「他のプロジェクトでの新たなチャレンジに心惹かれるが、自分が作ってきたこのプロジェクトをゴールまでやりきることも大事なのでは?」というジレンマに引き裂かれていたりします。

社員たちは真面目なので「いったん引き受けた仕事を途中で放り出すような人間はプロフェッショナルではない。それを強いる会社で働きたくない」とも思っています。

そんなこんなで、「社員が一番成長できる仕事、一番ワクワクする仕事に配属する」は必ずしも達成できていません。社員ファーストを標榜しているはずなのに。ここ数年、さまざまな仕掛けを議論しながら模索しています。

できていないこと❷ できている／できていない、のまだら模様

もう一つの理想と現実のギャップは、この本に書いたような理想が達成できているところと、できていないところがあること。いわばまだら模様です。例えば「お客様と尊敬し合える関係」は、あるプロジェクトでは完璧にできていても、別のプロジェクトではまだまだ理想には遠い……みたいなことです。

このあたりが、コーヒーチェーンのように全社で均質化しやすい業態とは違って、１００％オーダーメイドなコンサルティング業の難しさですね。個々のお客様には特有の事情があり、

それに正面から向き合う仕事ですから。

理想的な職場とそうではない職場があることはある程度仕方ないとは思いつつも、そうではない職場で働いている社員にとってみれば、「これがケンブリッジで働くことの100％」という状況です。経営者としては放置したくない。

これにも特効薬はありません。お仕事を始めるときにお客様と十分議論し、双方の相性を見極めること。そしてプロジェクトを始めてからは、誰にとっても最高のプロジェクトになるように熱意と時間を注ぐしかないのです。

そしてこのような改善は経営陣だけの仕事ではありません。全社員が自分の仕事だと思っています。何事も一歩一歩ですね。

不断の草むしりは続く……

ケンブリッジのようなカルチャーを大切にする会社に長くいてしみじみ思うのは「カルチャーやワークスタイルを維持するためには、不断の草むしりが必要」ということです。一見良いカルチャーが出来上がったように見えても、放っておくとどんどん雑草が生えてきて、すぐに野原に戻ってしまう。

この本の7章で「ケンブリッジでは、イベントの幹事は立候補&持ち回りでみんなが担当している。一見面倒でも本業の修業にもなる」と書きました。しかしこのイベント幹事について最近、「幹事の負担が大きすぎるのではないか?」「イヤイヤやっている人も多くなってきたのではないか?」という議論が持ち上がりました。

しかもその議論の最中に、聞き捨てならない話が出てきたので、議論が終わった後にわたしは、全社員宛ての Slack に以下のような長文メモを投稿しました。

今日、ワークアウトで会社のイベント(社員感謝パーティとか全員オフサイトとか)について提案がありました。いろいろ議論した結果、白川は反対しちゃったんですが、提案ありがとうございました。

ただその中で、スルーできない話があったので、皆さんに投げてみます。

- イベントに参加している人のなかで、「今回クオリティ低いな」などと冷ややかな態度の人がいる
- 特にベテラン社員が若手幹事に対してそういう態度を取っている

こういう話を聞きました。本当にいるのか、いたとして誰なのか、という話はここではしません。でももし、自分もそういう態度を取っていたかも、と思い当たる人は、反省して欲しいです。

大昔(五反田時代)の話をしますと、あのころはイベントやコミュニケーションミーテ

ィングの幹事は、もっぱら人事や総務の方が仕事としてやってくれていました。つまり「主催者側」と「参加者側」が分かれていました。

そうすると参加者側は消費者マインドが染み付いてしまい「今回クオリティ低いな」みたいに、高みから批評する感じになっていくんですね。白川もそういうときもありました。

これははっきり、許容すべきではないカルチャーです。

イベントに参加してイマイチだと感じるときはあると思います。それ自体はいいんです。健全な課題認識は改善につながるから。白川もそういうときあります。でもそのときに僕らに許される態度というのは、

a　次回の幹事に立候補して「来年のこの時間にお越しください。本当の全員オフサイトというものを味わわせてあげますよ」と言い放つ

または、

b　「オレは来年も幹事やらないけど、今年の幹事は精一杯やってくれたんだろうから、この場をいいものにしよう」

の2択しかありません。

※最近ジェネレーションギャップが甚だしいので一応言うと、aの元ネタが分からない人は「山岡士郎」でググってください。

ちなみに白川の場合、社員感謝パーティとか月1回のコミュニケーションミーティング

はたいていbで、全員オフサイトは特に大切に思っているのでaです。大昔にやった全員TEDの回や、少し前の「ガチで経営方針を議論するオフサイト」は白川も幹事でした。

念のために言うと、別にイベント幹事とかをやるのが好きでない人がいてもいいんですよ。でもそういう人は、幹事をやってくれる人に感謝しながら、その場を楽しむなり、良い場にするように努力して欲しいってことです。

自分でやりもしないのに文句だけ言うやつにはなるなよ、ということです。白川は五反田時代のような「あなたつくる人、僕食べる人」みたいな会社に戻すべきではないと思っています。

わたしはたまに、自分たちの価値観や大事にすべきワークスタイルについて、このような長文メールを書きます。正直言って、良きカルチャーを維持するためにどれくらい効果があるのかは分かりません。でも社員が100人を超えてくると直接会話するのも限界があるので、文章で自分の考えていることを発信することにしています。

先ほど「不断の草むしり」と言ったのはこういう活動です。良き組織は一度完成しても、ずっとメンテナンスし続けなければならない、ということです。そのためには上記のメモのように「昔を知っている人が警鐘を鳴らす」ことや、うるさい小言を言うことや、新入社員に良き振る舞いの意味を丁寧に教えてあげることなど、コツコツやるしかないのです。

ケンブリッジというケーススタディを踏み台に

「トレーニングは社員が自主的にやっているよ」「会社方針がきっちり明文化されているよ」などと、2022年時点でできていることを中心にこの本を書きました。それは〝社員ファースト経営はこうあるべし〟という理屈と理想だけを語っても全く意味がないからです。だからこの本で目指したのは、**理屈ではなく実践結果の提示**ですし、それは達成できたと思います。

この本を読んで少しでも「社員ファースト経営みたいな要素をウチの会社に取り込んでみたいな」と思い、実践にチャレンジする人が現れたら嬉しく思います。チャレンジする上で2点、気をつけて欲しいことがあります。

コツ❶　大上段に構えすぎない

もし皆さんの会社がこの本で描いた社員ファースト経営と程遠いのであれば、いきなりPrinciple を書いて「明日からこの原理原則で経営するぞ！」と宣言するのはあまりおすすめできません。経営陣が本気で会社方針を議論する習慣がないのに Principle だけ書いても、日々の経営判断に活かせない〝神棚に飾ってあるお題目〟みたいになってしまうからです。

それよりは、もう少し身近で、単体でも効果を生むことから始めた方がいい。例えば2章

「仕事を楽しめる仕掛けを作る」で風土を少しだけカジュアルにしても良いでしょう。

会社全体を変えることを本気で考えるならばやはり、5章「ファシリテーションで経営する」に書いたように、社内のファシリテーターを一人でも増やすのが、一見遠回りに見えて、結局は一番近道のはずです。

一気に100点を目指す必要はありません。わたし達が今の経営スタイルを作り始めたのは、グローバルから独立した2006年。そしてこの本は2022年に書いたので、ここにいたるまで16年もの年月がかかっています。

コツ❷ 一隅を照らす

「一隅《いちぐう》を照らす」という言葉があります。元は最澄の言葉らしいのですが、わたしは「社会は広いけれども、まずは自分が定めた持ち場で、自分なりの最良を目指すリーダーこそが尊い」というふうに理解しています。

この本は会社作り、組織作りをテーマにしているので、「社員を真っ先に考える経営」「ファシリテーションで組織を動かす経営」などと、あたかも経営者でなければ実践できないように受け取った読者もいると思います。

でも一方で何度も強調したように、社員ファーストとは社員が主役の経営です。だから、この本の一部を実践し始める際に、あなたが社長である必要はありません。わたし自身も

２００６年の段階では、普通の会社における課長くらいのポジションでした。

自分が影響を及ぼせる身の回りの組織から始めてみてください。例えばあなたが人事部にいるならば、11章「最高の社員を集める」や12章「最高の社員に育てる」あたりは取り組みやすいと思います。

そうではなく普通の社員の場合は、自分の部署、自分の担当の仕事に限っては、4章「きれいごとを貫く」みたいなスタイルを始めてみるのもよいでしょう。自分が参加する会議だけでも、活発な意見交換をしてきちんとコンセンサスを作る場にすることも、チャレンジできるはずです。

そうやって仕事をしていくことが、現代資本主義社会における「一隅を照らす」ではないでしょうか。ポジションに関係なく、自分の会社を少しでも良い会社にしたいと考えている方にこの本が届くことを願い、終わりとします。

Appendix ①

なぜ日本的人事戦略が機能しなくなったのか?

1980年代は日本企業の業績がよく、その秘訣を探る研究が世界中で盛んに行われた。その中で主要な説は「年功序列を中心とする人事制度、家族的な集団を代表とする日本的人事戦略こそが、日本企業の競争力の源泉である」というものであった。

※実際にはこれらは人事〝戦略〟というよりは人事慣行と言った方が正確だが、ここでは一般的な人事戦略という言葉を使う。

だが90年代~2000年代になると日本企業の業績が悪化し、それに伴い日本的人事戦略からの脱却が叫ばれた。実際に欧米的な成果主義やジョブ型人事制度が、大企業を中心に導入された。

しかしそれらは同時に、日本企業が持っていた強み(年長者が時間をかけて後輩を指導するカルチャーや、自分の評価よりも組織全体の成果を重視する傾向)を損なったとも言える。

この文脈で社員ファースト経営とは何かを改めて考えると、

○年功序列ではなく能力主義（ここは欧米的）
○にもかかわらず社員同士が協力し合い、教え合う文化を重視する（日本的）
○日本企業の弱点である、不明確な意思決定や言語化の不足を補う仕組みを導入している（欧米的）

といった形で、それぞれのいいとこ取りになっているとも言える。

本章では本編への補足として、「なぜ日本的人事戦略が機能しなくなったのか？」について、以前わたしがブログに投稿した文章を掲載する。これを読むことで、今の日本で社員ファースト経営が必要な理由について、理解が深まるかと思う。

なおこの文章は、「なぜ日本的人事戦略が機能しなくなったのか？」を分かりやすく説明するため、わたし自身の仕事人生に沿って書かれている。しかし発表した際にはかなり多くの読者から、「ウチの会社も全くこのパターン」「外資に買収された日本企業が比較的短期に復活するのはこれが関係しているよね」などと、肯定的なコメントが寄せられた。わたしだけでなく多くの日本人サラリーマンの実感とも合致しているのだろう。

なぜ日本的人事戦略が機能しなくなったのか？

わたしは1996年に社会人になった。そして日本的人事戦略が変容していく様子を一般的なサラリーマンよりも半歩前に経験してきたように思う。そこでこのブログでは、「経営環境の変化」「日本企業の人事戦略の変化」「わたしの仕事人生」の3つを点描することで、日本的人事戦略が日本企業にもたらしたものを考えてみたい。

統計的裏付けのない、あくまでわたしのキャリアからの視点なのでバイアスもあろうかと思うが、その分生々しく、分かりやすいのではないだろうか。

❶ 失われた30年前夜

バブル期を含め、景気拡大期は事業が素直な伸び方をするので、業績拡大（売上利益の向上）のためには、「各々の持ち場で各位努力する」が最適解であった。開発は良い製品を作り、製造は1円でも安く作り、営業は売りまくる。そういうイメージだ。

そういう経営環境で人事に課せられたミッションは

- とにかく標準以上の能力の人材を集める
- 能力とモチベーションの平均を上げる（特にモチベーションが成果に直結した）
- それを場所や年齢が変わっても維持してもらう

であった。つまり「8割の社員をやる気満々にすること」が最重要人事課題ということ。それへの最適解が年功序列と終身雇用である。その中でも、モチベーション維持のために特に重要なのが、昇進と待遇を同期横並びにすることだった。

逆にいうと、同期と差をつけられた人のモチベーションはダウンする。20年前（入社4年目くらい）に、ある日本的経営の会社に勤めていた友人が「同期より給与が低かった。そういうことやる会社なんだ、と嫌気がさした」とぼやいていたのを覚えている。

❷ 1995年〜2005年ごろ：人材の流動化スタート

このころから、日本経済における外資企業の存在感が増したように思う。貿易摩擦への対応から外資に門戸を開いたこともあるだろうし、バブル後の日本企業の停滞、そして単純に世界がボーダレス化していったことの一つの側面でもあっただろう。

これら外資企業は中途採用がメインだった。そもそもじっくり人材を育てるよりは優秀な人を良い待遇で雇うことに慣れていたし、新卒採用市場で優秀な人材を確保しづらかった、という消極的な理由もあったと思う。

その結果として、人材の流動化が少しずつ進展した。「会社が潰れた」といったネガティブな理由ではなく、キャリアアップのための転職（特に外資への転職）が広まったのはようやくこのころだったと思う。

❸ 高度成長から複雑な世の中に

1990年代後半の日本はバブルの後処理に追われていたが、もう少し長いスパンの「高度成長期の終焉」という転換の時期でもあった。

高度成長が終わると、❶で述べた「とにかくシェアを取るのが正義」という時代ではなくなっていった。工場が1円でも安く作り、営業が売りまくれば利益はついてくる、という感じではないということだ。

つまり人事戦略でいうと**「みんな頑張れ」作戦の有効性が薄れた**ということ。みんな引き続き頑張っているのに、うまく利益が出ない会社が増えた。それは単に景気サイクルのせいというよりは、競争の質が変わったから起きた現象だ。

もちろんこのあたりは「今思えば」という話であって、当時はまだ「景気サイクルの谷間にすぎない。すぐに景気はまた良くなるだろう」「不良債権処理が終われば良くなるだろう」と言われていた。だが実はゲームのルールが変わっていたのだ。

❹ ＩＴの存在感アップ

1990年代後半から2000年代にかけての環境変化でもう一つ重要なことがある。インターネット等、産業全体に対するITの存在感が増したことだ。**「ＩＴをビジネスに活かせるか？」が業績に与えるインパクトが大きくなった**ということ。

このころ「IT革命」なんていうバズワードが躍ったが、単なる流行り廃りではなく、本質的な変化をビジネスにもたらした。わたしは1990年代後半はSE、2000年代前半は

ＩＴコンサルタントをしていたので、特にそれを実感していた。

ところで、ＩＴ業界は１９９０年ごろまでは労働集約産業などと揶揄されていた。プログラミング言語が十分発達していなかったので、複雑なシステムを作るにはＣＯＢＯＬを50万ステップ書く、そのためにプログラマーを１００人集める、といった人海戦術が不可欠だったからだ。

２０００年ごろを境に、プログラミング言語の発達やＥＲＰをはじめとしたパッケージソフトの普及により、労働集約産業からようやく（本来の）知識集約産業に脱皮することができた。つまり、世の中にあるものをイイカンジに組み合わせればそんなに人手をかけなくても済むようになったということ。

いい感じに組み合わせるのはＣＯＢＯＬをゴリゴリ書くより難しいので、「少数の優秀な人」の価値が相対的に上昇した。優秀なエンジニアは普通のエンジニアよりも生産性が10倍、なんてことはざらに起こる。そもそも「言われた通りプログラミングします」という人が１００人いても良いシステムは作れないのだから、生産性以前の話だったりする。

以前「複雑な計算エンジンが同じ機能なのに2つ実装されているシステム」に出合ったことがあるが、これなんかは優秀なエンジニアがアーキテクチャー設計をしなかったばかりに、２億円くらいの損害を出している例だ。**「優秀な人がつくったか否かによって、ビジネスに億円レベルのインパクトがある」**というのはエンジニアだったら誰もが実感しているだろう。

❺ 全員で頑張る⇓エース次第

❹はITエンジニアリングそのものの話だが、実はエンジニアだけでなく、ITを使った企画やマーケティングも同じ構図になっていった。つまり、「ハイパフォーマーのスーパーな仕事こそが利益の源泉」という時代だ。一人一人の営業さんがコツコツ売って数字を作るよりも、優秀な1人のマーケターの仕事が大きなインパクトをもたらす。

こうして高度成長期が終わったことに加えてITが重要な世の中になり、「各戦場でみんなが頑張る」とか「全員で頑張れば利益は付いてくる」から、「エースの活躍次第」という色合いがますます強くなっていった。

昔から「組織の利益の8割は2割の人材がもたらす」なんていうけれども、今ではもっと極端になったように思える。「利益の95%は5%の人材がもたらす」くらいかな？

❻ 優秀な人こそ外資（能力主義の会社）へ

これまで述べてきた、

- 外資の存在感アップ
- 中途採用市場が活況になり人材流動化
- エース次第のビジネスへ

という条件が揃った結果起きたことは、「高待遇で外資に転職する人が増加」だった。しかもどちらかというと**優秀な人こそ外資に流れる傾向**があったのではないか。

※外資系的な人事政策はベンチャーなど一部の日本企業でも採用されている。この文章では「外資vs日本企業」というよりも「外資系的な能力主義vs日本企業的な年功序列主義」を論じたいので、以下、外資的な人事制度を便宜上「能力主義」と呼ぼう。

エースの確保がビジネスのＣＳＦ（Critical Success Factor：主要成功要因）なのだから、そのために必要なコストは払う、というのが能力主義の企業が当たり前に考えていたことだ。

わたしも１９９６年に就職活動したとき、ある外資系ＩＴ企業の人に「給与はどうやって決めるんですか?」と聞いたら、「市場価格です」と即答された。相手はまだ新卒入社2年目くらいの人だったが、そういう考えが浸透しているようだった。わたしは経済学部だったので「そう言われれば当たり前だよな」と、聞いた自分が恥ずかしくなったが、これは当時の日本企業での常識からはかけ離れた回答だった。

この、ごく一部の企業だけが能力主義を採用している状態は、**能力主義の会社には誠においしい時代**だった。日本企業がみっちり基礎訓練をしてくれた28～33歳くらいの人材のうち、優秀な層だけを選択的に効率よく採用できたのだから。産業のエスタブリッシュメントである日本大企業に、ベンチャーや外資系企業が食い込むのは本来難しい。だがそれをこの構図は確実に後押ししていた。

⑦ ２０００年代の転職に対する一般的な風潮

わたしは転職活動して外資系で働き始めた2000年ごろに、「もしかしてこうなっているのかも？」と、これまで述べたような構図に気づいた。

わたしはSEだったので、大企業で実際に稼働している基幹系システムに触れ、それを作ってこられた情報システム部門の大ベテランたちを尊敬していた。だが、そういった優秀な方々は今後、大企業の情シスに残るのではなく、徐々にプロフェッショナル職として社外に流出していくのでは……。

だが、当時はまだ「転職するのはドロップアウト」という風潮が一般的な価値観だった。例えばわたしは新卒入社3年半たった2000年1月に、外資企業のケンブリッジに転職した。このころ、それほど親しくない人に「ポジティブな転職ですよ」と言ったら驚かれたのを覚えている。「そんなノリで転職するなんて……新人類だ」的な受け取られ方だった。

今から考えると、そのような**「転職はイレギュラーかつネガティブ」は80年代の経営環境で作られた価値観の名残り**に過ぎなかったのだが。

少し生々しい話をすると、当時は外資に転職していく同僚に対して「あいつにこの年俸提示？　高すぎない？」みたいな反応もあった。

実際にそういう人は、転職前に同じ部署にいた「稼がないけど高給取りの同僚」の分まで稼いでいたのだろう。年功序列とはそれをヨシとする制度なのだから当然だ。しかし個人に着目すると、転職後の方が実力に即した価値（つまり市場価格）だったのだ。

例えばわたしでいうと、転職で年俸が1・7倍程度になった（転職前の年俸の記憶が曖昧なのでザックリだが）。前職でも年間1億弱の売上を作っていたので、それくらいの価値は十分あったはずだが、年功序列の人事制度の中ではそんなに待遇が良くなるわけはない。特にわたしの場合は、前職の上司たちから「なぜこいつがお客さんに評価され、売上を作れるのか？」を全く理解してもらっていなかったので、なおさらだ。

これこそが、年功序列と市場価格のギャップである。

若手でそこそこのハイパフォーマーであれば、こういったギャップは必ずある。もちろん育ててもらった恩もあるので、ある程度は当然なのだが。

❽ 市場価格とのギャップへの日本企業の対応

これらの経営環境の変化を受け、日本企業は2000年代にドラスティックに「市場価格で社員の給与を決める」という人事制度に移行する選択肢もありえた。実際、ちょうどそのころに成果主義への転換が多くの企業でなされた。

だが、新たに導入された**成果主義はこれまで述べてきた市場価格と待遇のギャップを埋める方向には機能しなかった。**なぜなら、

a　成果主義は不景気に対処するための、減給やリストラの手段になった

b　市場価格との比較よりも、社員間の差をつけることを志向した

という方向での制度改革になってしまったからだ。

目的が違うのだから、ここで論じている「待遇の対外競争力是正」にはあまり効果的ではなかった。つまり「無能な上司が俺よりもらっている」という恨みへの対処は（ある程度）できたし、退職年金や窓際族に高すぎる給与を払うことにも対処できた。しかし**「転職した方が待遇が良くなる」には無策**に近かったということだ。

少し後になって（2010年ごろ）、韓国・中国企業への技術者引き抜きがセンセーショナルな話題になった。あれと同じ構図が、欧米系企業との間ではとっくに存在していた。だが静かに進行したし、なぜか「欧米系外資は給料が高くて当たり前」と思われていたので、あまり話題にもならなかった。日本企業としても危機感は薄かったのではないか。

数年前にもＮＴＴの経営者が「研究開発人材の30％が数年以内にＧＡＦＡに引き抜かれる」と発言したらしい。確かにあちらは年収数千万円とか、無料のカフェテリアとか、派手で分かりやすい。だが似たようなこと（わたしのように転職で給与が数十％増えるなど）はずっと前からあったのだ。

❾ 一般的な日本企業の社員の対応

一方で社員の方も「待遇より居心地」「会社は一生勤めて当然」「自分の会社が好き」という人もまだまだ多かった。人の価値観はそれほど早くは変わらない。多分、人の価値観が変わるよりも、人が入れ替わる方が早いだろう。つまり、これくらい大きな環境変化を受け入れるには30年かかる。

そしてもちろん「転職したら待遇が上がるかもしれないが、自分はこの会社と今の仕事が好き」という価値観が悪いわけではない（わたし自身のお客さんは大企業の方が多いので、こういう価値観の方と、会社と社会を良くするためにチャレンジをやってきた。同志という感覚も持っている）。

そのため日本企業からの人材流失は限定的だったが、特に優秀な人や、イノベーションを起こすような変わり者は比較的流出しがちだった。特に、ＩＴエンジニアは流出し続けた。

２０００年ごろにはすでにＩＴ業界だけは「手に職をつけて転職」という文化が一般化していたためだ。先にも少し触れたように、エンジニアというのは能力差があからさまな職業だからだろう。「この会社じゃないと発揮できない能力」という要素も少なく、転職してもすぐに活躍できる。

変わり者、特に優秀な人、ＩＴエンジニア。これらは今や経営にとって死活的に重要な

「ITをテコにビジネスを変革する人材」のことである。「DX人材」とも呼ばれている。割合で言えば能力主義の会社に転職する人は少なかった。だが変革をリードする能力や性格を持った人材は、転職する傾向が強かった。

これは人々の実感以上に、世の中を変えるインパクトがあった。

⑩ 待遇ではなくやりがいの話

さて。ここまでは、分かりやすく待遇の話をしてきたが、本当に重要なのは、給与よりも仕事の面白さだ。わたしをはじめとして「仕事を給与の額では選ばない派」は多い。

だが、**待遇と仕事の面白さにはゆるい相関があるもの**だ。例えばわたしは人月100万単価でSEをしていたときよりも人月200万でコンサルタントをしていたときの方が、本質的で顧客にインパクトを与える仕事に関われた。もちろん仕事も後者の方が面白かった。この例は給与ではなく売値だが、同じ構図は給与についても言える。

年功序列型の日本企業の本当の問題は、ハイパフォーマーにやりがいのある仕事をさせなかったことだと思っている。

誤解のないように言っておくと、たいていの大企業でも優秀な人には相対的に面白い仕事を割り振る意図はある。だが一方で、かなり優秀なのに40代でも部下がいないとか、超就活エリートが行く会社なのに20代ではエクセルデータ加工がメインタスクとか、残念な状況も普通に目にする。

「同期の中で優秀な人は企画部門に」とかチンケな話ではなく、本当に優秀な人には「30代で事業を任される」くらいのドラスティックなメリハリをつけるべきなのだ。能力主義の会社がやっているように。

このメリハリのなさは、給与制度以上に深刻な日本的人事戦略のバグである。人を育てるのは研修ではなく仕事なのだから、エキサイティングな仕事を優秀な人に与えなかったら、人が育たないし、優秀な順に社員が逃げていく。

日本企業がこれを避けるために取りうる一番簡単な施策は、ハイパフォーマーを若くして関連会社の社長に抜擢することだろう。一つの事業、一つの組織体を若いうちから任せることは人を鍛えるよい修業になる。

だが、関連会社の社長というポストは、ほとんどの会社で役員さんの終着駅的なポジションである。これをいきなり38歳くらいの若造にくれてやる、という大胆なことをやる企業は稀だった。経営者候補の育成よりも、社長レースに破れたかつての仲間のメンツを優先する。これはどう考えても合理性に欠ける慣行であり、趣味で経営やってんですか？　と言われても仕方ない。

要は「ハイパフォーマーに面白い仕事を与えないと会社の明日はない」という切迫感が不足

しているのだ。だから思考停止的にこれまでの人事慣行をずるずると続けてしまう。

繰り返すが、ハイパフォーマーを惹きつけるために本当に重要なのは札束ではなく仕事の面白さ（責任の重さと言ってもいい）だ。わたしの知人でも「年俸は下がるけれども、面白そうだから転職する」という人は結構いる（特に大胆に組織を変えるリーダーシップがあるような人ほど、そうだ）。

なのに、この面でも日本的人事戦略はまるで機能していない。

そんなこんなで、例えばわたしの場合は30歳ころに、日本的人事戦略の企業への転職の可能性はなくなった。そのときやっていた仕事より面白い仕事をさせてもらえないから。例えば「この会社に転職するなら最低限、経営企画室長とか情シス部長じゃないとつまらんな……。でもそれって50歳くらいのポジションだ……今わたしが転職しても絶対にそんなポストは回ってこない」という感じ。

⑪ 本当に怖いのは転職ではなく新卒採用

「日本的人事戦略の会社からは優秀な人が逃げる」をこれまで説明する際に、主に転職の話をしてきたが、実は新卒市場の方がインパクトが大きい。新卒でも特に優秀層が、日本的人事戦略の企業に行かなくなっている。

これも身近な例で恐縮なのだが、わたしが学生のときに属していた団体のＯＢ名簿を見ると、わたしの先輩たちは、ほぼ日本的人事制度の会社（製鉄、商社、銀行……）に就職していた。だがわたしより15歳くらい下になると、能力主義の会社が5割にもなっている（アクセンチュア、楽天、P&G……）。どうもわたしの世代あたりが分岐点のようだ。新卒で入った会社からの転職も目に見えて増えている。

よく「最近の若者はイマイチだ」などとぼやくおじさんがいるが、そういうおじさんの会社には本当に優秀な若者が行かなくなっているんじゃないかな。例えばうちの会社の新卒社員はめちゃくちゃ優秀ですよ。昔の大学生よりも勉強しているし。

⑫ まとめ

ということで、長々と書いてきたが、まとめよう。

- ハイパフォーマーの確保が一番重要な経営環境になった
- だが多くの日本企業はそれに気づかなかった（または気づいても転換できなかった）
- そのためハイパフォーマーの育成、確保、活用に失敗した
- 経営の最重要ポイントで失敗しているためリカバリーできず、業績が振るわない

ということが起きている。20年、30年という単位で。

要は能力主義でないことのデメリットが凄い。

そして「優秀な社員を引き止め、活き活きと仕事をしてもらうために、あらゆる努力をしな

ければ」という切迫感がない。あれほど優秀な人材が辞めているのに。

⑬ 文系人の敗北

わたしは「失われた30年」を「日本文系人の敗北」だと捉えている。

エンジニアや研究者に罪はない。人事政策立案などの組織運営が、経営環境の変化に全く対応していなかった。わたしと同じ、経済学部、商学部あたりの卒業生の責任だ。

これも個人的な話だが、わたしは日本有数の経営学研究拠点で経営学を学んだ。だが90年代に、母校の教授の多くはここで述べた日本的人事政策を礼賛していた。「日本企業は長期的雇用の前提があるから教育熱心である」「組織運営に必要なナレッジは外部から買えないため、長期雇用の社員が担い手になっている」などなど。

だが実際には、この記事で長々と書いたように、能力主義の会社に人事戦略面で大きく後れをとり、それが致命傷になっている。一時期熱心に経営学を勉強した者として誠に残念だし、当事者として悔しい思いがある。

⑭ 新しい日本企業の時代へ

唯一の救いは、外資系だけでなくほとんどの日本の新しい会社は徹底した能力主義をとっていることだ。新興ＩＴの企業のように、日本的人事政策とは無縁な会社が存在感を増している。彼らの人事政策がハイパフォーマーを雇える形態なのは、ベンチャーとしてゼロベースで設計しているからだろう。

それに加え、エンジニア中心の会社であることも大きいはず。❹で書いたように、エンジニアの世界では年功序列は全くフィットしない。20年生よりも5年生が有能、なんてどこの会社にもある。それをエンジニア出身の経営者はよく理解している。

環境変化が起こるとき、**会社は変わらなければ他社に代わられてしまう**。

この記事で書いた「日本的人事戦略と経営環境とのアンマッチ」は当面は広がる一方だろう。人事戦略の大胆な変更は中の人にとって拒否感が大きすぎるので、ほとんどの会社ではドラスティックには変われない。

結果として日本企業の競争力を削ぎ続け、さまざまな形で（分かりにくい形で）、能力主義の企業に取って代わられる。在来種の日本タンポポが西洋タンポポに少しずつ置き換わってしまったように。環境に適応できなければ代わられてしまう。

個人的には、取って代わる企業が外資ではなく、新しい考え方を持った日本企業であって欲しい。

Appendix ②
Principle2021

06章「原理原則で経営する」で紹介したケンブリッジの経営方針書を原文のまま紹介します。あくまでケンブリッジのビジネスのための方針なので、他社にそのまま適用できるわけではありません。でも皆さんの会社で同様の方針を作成する際の参考にはなるはずです。

Principleとは

ケンブリッジが会社として意思決定をする際に判断のベースとしている、経営方針／価値観を本資料にまとめる。

- これらの方針／価値観は、2006年の第二の創業以来、個別の事象を判断する際にマネジメントが積み重ねた議論により、明確になってきた。
- これまでもマネジメントメンバー内では暗黙的に共有されてきた。

○一方でマネジメントメンバー外にはきちんと説明できていたとは言い難く、明文化することにした。
○2018年後半にマネジメントメンバーと有志の議論によって初稿が作られ、2019年の全員オフサイトやコミュニケーションミーティングでの議論を通じて整えられた。
○経営環境やケンブリッジの組織能力が変われば、本資料に書いた方針/価値観は変わりうるため、適宜見直す。
○冗長な表現になったとしても、全社員に誤解なく伝わることを目指す文章とした。

A 全体方針

No.1 組織能力の最大化こそがケンブリッジの戦略である

ケンブリッジは特定の業界・業務・ソリューションに特化するなど、戦略的なポジショニングを固定することで勝ち抜くタイプの会社ではない。そうではなく、徹底的に組織能力を向上させることで競争優位性を得ることを目指す。

組織能力とは、人材、ノウハウ、チーム力、経験、知識、それらを有効に機能させられるプロセスや環境などを含んだ、総合的な概念である。組織能力が高い状態とは、多様な能力を持つ優秀な人材が集まっていること。そして共通の方法論や価値観を共有しているためにチームとして機能すること。その結果、変革をやりきることが出来る。

一例としては、時流に乗ってRPA専門チームを立ち上げて顧客都合を無視して売り込むのではなく、顧客にとってRPAが最適だと判断すれば活用する。その際、事前に専門チームを立ち上げていなくとも、普段から組織能力を高めているために顧客にとって価値のある支援ができる。そういう会社である。

組織能力は自然には高まらない。顧客との案件選択からカルチャー醸成、人材育成、グローバル進出に至るまで、あらゆる手段で組織能力を高めなければならない。以下に掲げる経営方針の多くは、「組織能力を最大化するため」という戦略がベースにある。

No.2 規律をもって規模を拡大する（Organic growth）

組織能力の向上のために、社員を増やす。人数が多ければ組織全体としてやれることは増えるし、より専門特化した尖った人材を組織に迎え入れ、活かすことが出来るようになるからだ。ただし2000年前後に急拡大した際、育成が追いつかずカルチャーも薄まり、破綻した経験をした。これを踏まえ、Organic growth（自然な成長）を目指す。

現時点では、年12％の拡大が方法論やカルチャーの浸透の限界だと考え、12％を超える成長はしない。12％成長を守るとすると、2028年には300人規模になっている計算になる。

ただし、方法論やカルチャーのより速やかな伝達の方法が確立されれば、この限りではない。

No.3 ノウハウをオープンにする

ケンブリッジの方法論を広く世の中に公開する。これは顧客のプロジェクトだけでなく、広く世の中の変革の成功に寄与するためである。変革をリードする人材で溢れた社会を作ることを目指す。

ただしその大きな副次的効果として、方法論をオープンにすることがケンブリッジの実力を世に知らしめる最良の方法にもなっている。豊富な案件をもたらすためにも、ノウハウやノウハウを使った成功事例を世に広めていく。

No.4 Business×Technology×Facilitation

ビジネス（業務知識と経営目線の判断・提案力）、テクノロジー（ＩＴの目利き力とシステムエンジニアリング力）、ファシリテーション。この3つの能力の掛け算で勝負する。3つとも強い会社はそうはないし、ビジネスを変革させるにはこの3つが必要になる。

1人のコンサルタントが3つとも強いことが理想ではあるが、それぞれに強みを持つ人材がチームを組むことで価値を提供しても良い。

No.5 ケンブリッジにとってのTechnologyとは、ITの目利き力とシステムエンジニアリング力である

最先端のＩＴを常に生み出し続けることは、我々のミッションではない。「これを実現するなら、Ａソリューションと、Ｂクラウドサービスを組み合わせればすぐ出来ちゃいますよ」と言えるかどうか。

このためには自らの開発経験や、自社でのテクニカルR&Dチーム、他社とのリレーションが必要になるだろう。そのためには、ＩＴの目利きや適用のために、テクニカルアーキテクトの存在が重要になる。

また、プロジェクトを成功に導くための基礎力として、システムエンジニアリング力は必須である。ＩＴプロジェクトをマネジメントし、適切な品質と納期とコストを達成する能力をおろそかにしない。

※自社開発案件の位置付け

以下の目的のため、自社開発案件を一定の割合で実施する。

- 目利き力とエンジニアリング力を高めるため
- 上流工程の品質を高めるため
- 若手を育成する土壌として

ただし全員が等しく開発を経験する必要はない。

No.6 ドメスティックな会社から、グローバルな会社に回帰する

グローバル化している顧客を支援するために、ケンブリッジもグローバルなコンサルティング会社であるべきだ。世界中の人材・組織と連携することでケンブリッジの組織能力を高めていきたい。海外の最新事例や最新テクノロジーにアクセスできたり、人的リソースを活用できたり、コストメリットが出せる組織になる。

また、「世界中で活躍したい」という社員のニーズに応えるための方針でもある。

No.7 パートナーと連携して組織能力を拡張する

ケンブリッジは設立以来、プロパー社員でプロジェクトを構成することにこだわってきたが、この方針を転換する。

顧客の成功のため、社外を含めた多様な能力のハブとなる。社外の専門家と協業し、拡張ケンブリッジチームを構成していきたい。そうなれば組織能力を加速度的に拡張していける。つまり、ケンブリッジ単独では到底成しえないことも出来るようになる。

単に専門家を集めてくるだけでなく、ケンブリッジが音頭を取り、パートナーの能力を最大限引き出し、One Team を作る。多様なバックグラウンドを持つ人々のファシリテーションは

ケンブリッジがもともと得意とすることでもある。

No.8 パートナーとの間にも、理想的な関係を築く

ケンブリッジは長い時間をかけて、顧客との理想的な関係づくりを模索してきた。今後はパートナーとの間にも、良い関係を意図的に築いていく。

「良い関係」の中身は、基本的に顧客との関係と同じであるべきだ。すなわち、フェアであること。互いにリスペクトすること。至らぬところを教育し合うこと。結果としてともに成長していけること。

こういう関係を築けるパートナーを探し続ける。

No.9 BEHAVIORAL FOCUS

売上など、狭い意味での成果さえ出ればよいと私たちは考えていない。カルチャーに則した態度・行動にも重きを置く。

私たち自身が裏表のないきちんとした振る舞いをし、口先だけの論理ではなく自ら行動で示すことで、チーム内に信頼関係が生まれ、お客様が変革に踏み出す勢いが生まれる。プロジェクトの成功、お客様の成長、ケンブリッジメンバーの成長、未来に続く信頼関係など、わたし達が重視していることは、その先にある。

B　サービスのあり方

No.10　プロジェクトの成功請負人として、〝成功〟にこだわる

「時間」を売るコンサルタントへのアンチテーゼからケンブリッジは始まった。顧客のプロジェクトを顧客とともに成功させることが、原点であり一番の価値である。このことにこだわり続ける。

No.11　EndToEnd 2.0

構想策定からシステム稼働まで、プロジェクトの最初から最後までケンブリッジが有償で支援するべきである、という価値観をこれまで持っていた（これを仮にEndToEnd1.0と呼ぶ）。そのことの重要性は今も変わらないが、それを超えて、以下のようなケースもケンブリッジの価値として追求していく。

A）システム稼働後、顧客が成果を刈り取り、コンサルタントから自立し、次なる変革に取り組むことが出来るようになるよう、支援する（EndToEnd1.0の更に先の段階）

B）ケンブリッジの支援が何らかの事情で途中で終わったとしても、変革が成功裏に終わる

まで様々な形で関わりを続ける。過去にはアドバイザリー契約を結んだり、カジュアルに無償で相談にのったり、セミナーに登壇いただいた例がある。

C）そういう関係を作る結果として、一つ一つのプロジェクトで終わらず、ビジネスパートナーとなっていきたい。相互に信頼し合い、学び合い、金の関係だけでなく長期に付き合っていける関係を作る。

No.12 Fixed Time/Fixed Price

ケンブリッジ設立以来、顧客と合意したプロジェクトゴールを「予定された期限内に」「予定されたコスト以下で」やり遂げることが、サービスの基本である。そしてこれらを守れなかった場合は、追加料金をいただかない。

Fixed Time/Fixed Price を顧客に約束するためには、高度なプロジェクトマネジメントスキルが必要となるが、それも含めてケンブリッジの価値である。

ただし Fixed Time/Fixed Price ではない契約の方が顧客にとってメリットがあるケースもある（例えば育成型のプロジェクトなど）。すべてが Fixed Time/Fixed Price の契約であるべし、というルールではない。

No.13 チームの新しい働き方を提案、浸透させることも我々の価値である

わたし達は以前から、ゴール達成に適したプロジェクトカルチャーを顧客にもたらしてきた。例えば上下の隔てなくOPENに議論することや、フィードバックをしあって高め合う姿勢など。なぜなら、ワークスタイルを学んでもらい、顧客メンバーが戦力になったほうが成功に近づくからだ。そのためには、サービス提供時に2つのことを意識する。

①チームデリバリー

コンサルタントのバラ売りより、チームで顧客に乗り込み、ケンブリッジのカルチャーを浸透させるのがもっとも有効な手段となる。チームで価値を出すことで、コンサルタントのバラ売りよりも高い価値を出せるし、結果として高いフィーをいただくことができる。

②積極的なワークスタイル提案

2020年のコロナ以降、在宅でも生産的かつクリエイティブな議論をする方法やデジタルツールを使ったプロジェクト運営など、わたし達が顧客にワークスタイルを教えることの重要性が高まった。新規案件の提案時からこういったワークスタイルの有効性を訴え、乗っかっていただくことを意識すべき。

No.14　ケンブリッジ抜きで成功できるよう、顧客の成長に寄与する

顧客をケンブリッジに依存させる（ケンブリッジ抜きでは自己変革ができない状態）ことは、いくら安定的な売上が見込めるとしても目指さない。

顧客と密に仕事をすることを通じて、ケンブリッジの方法論を顧客自ら実践できるように支援する。顧客の変革リーダーシップを育む。こうして次の変革にケンブリッジ抜きでもチャレンジ出来るようにする。

同じ顧客と継続的に仕事をする際は、双方にとって新たなチャレンジとなるような案件を選択する。

No.15　対面／常駐とリモートの良さを組み合わせる

これまで強みにしてきた、１００％常駐や対面の強み（プロジェクトファシリテーションのしやすさなど）を残しつつも、パンデミックやＩＴインフラの変化を受けて、リモートワークの良さを組み合わせたメリハリのあるワークスタイルを実現する。

これにより、個人の更なる成長と顧客を含めたチーム生産性の向上を達成する。

また、リモートでの洗練されたワークスタイルを顧客と共に実現するために、デジタルワークプレイス構築への積極的投資を実施する。

単に人の工数を積み上げた時間で対価をいただくのではなく、顧客に提供する価値の大きさで対価をいただく。

現時点で必ずしもできていないが、今よりもっと良いフィーのもらい方（ビジネスモデルそのもの）を模索する。

No.17 1チーム分はバッファとして確保する

プロジェクト実施中にケンブリッジ起因で問題が起こった場合、会社としてコミットメントを果たすための対応が必要となる。そのため、いざという時に支援するために1チーム分をバッファとして確保しておく必要がある。

逆に言えば、1チームのバッファがあるからこそ、会社として経験のない案件にチャレンジしたり、個々のコンサルタントをストレッチな役割にアサインすることができる。また、トラブルが発生したとき、特定の社員に負荷が集中しすぎないようにする安全弁でもある。

具体的な方法としては、いざという時に支援に回るメンバーで社内プロジェクトを構成したり、他のプロジェクトからロールオフできる柔軟な契約を結ぶ。

C 案件選択

No.18 〝NEVERプロジェクト〟はやらない

第二の創業期に我々は〝NEVERプロジェクト〟はやらないと、全員で合意した。NEVERプロジェクトとは以下のような案件のことであり、最初からやらない、または撤退する。

①ケンブリッジがやるべきでないと思う案件は断る

顧客にとって正しいことをするということ。これがわたし達の価値の源泉になる。後ろめたい仕事には手を出さない。

わたし達から見て、確実に失敗する／本気で変える気がない／リスクを軽く見ている／どう考えてもその変革に価値がない、などのケースも該当する。

②顧客、メンバー、パートナーと適切な関係になれないならNoDeal

たとえ顧客が求めても、売上が上がってもNoDeal。これがすべての前提。ケンブリッジをパートナーとしてみていない／パワハラ体質、など、改善を申し入れても受け入れられないケース。仕事では相互のリスペクトが必要である。

上記に抵触する案件は、たとえ顧客が求めても、売上が上がっても断る。継続案件であっても撤退する勇気を持つ。「成功にこだわる」としばしば相反するため、案件ごとに程度問題を判断せざるを得ない。

No.19 案件の優先順位を明確に持つ

“Never プロジェクト”以外のすべての案件に提案する訳でもない。組織能力をより向上させるには?より価値が高いサービスを提供できるのは?などの観点で案件を選択する。以下に該当するものは優先度を上げて取る。

【顧客軸】
- ケンブリッジの価値をより理解してくれる顧客
- 前向きで志がある顧客
- お付き合いを通じてケンブリッジ社員が学べる顧客

【関わり方軸】
- ケンブリッジが十分な影響力を発揮できる関係
- 太く関われる大型案件
- End to End で関われる案件／直接契約の案件
- 会社ぐるみで深いお付き合いができる案件

【仕事のタイプ】
○社員がワクワクする仕事
○顧客にとって本当にインパクトのある重要なプロジェクト
○会社と社員の成長・チャレンジがある仕事
（例えば、新たなビジネススキーム作りの仕事、ゼロからビジネスを作るなど、ケイパビリティが高められる仕事。最新技術に触れる仕事。顧客と一緒に成長できる仕事など）
以下に該当するものは「Never」という程ではないが、優先順位を下げる。つまり、適切な売上を上げるために他に案件が全くないときに提案する。
○火消し案件および他社のアンダーに入る案件

No.20 案件比率を5：2：2：1：0の目安で取る

会社全体として、案件種別のバランスを取る必要がある。例えばいくらチャレンジ案件が組織能力を向上させるといっても、全く経験のない種類の仕事が100%では、組織として問題をかかえることになる。

現時点で理想とする比率は以下である。投入人員規模（≒売上規模）での割合。当然ながら組織能力が向上するにつれて比率は見直される（これまでにも見直してきた）。

5：業務改革の骨太案件（プロジェクト計画～実行まで。後半のPMOも含む）

2：システム開発案件（ケンブリッジが自社開発する案件）
2：チャレンジ案件（新規事業開発、ケンブリッジにとっての新サービスなど）
1：グローバル案件
0：火消し案件

No.21 案件を選択する自由を持つ

〝NEVERプロジェクト〟をやらないため、そして理想的な案件ばかりの会社にするため、顧客や案件を選べる状態を保ち続ける。そうでないと「売上を上げるために」本意でない仕事をするハメになる。

そのために案件が潤沢にあっても、マーケティングとセールスには手を抜かない。案件を断り続ける状態でちょうどいい。

D 変化と意思決定

No.22 自主独立での経営を大事にする

他社と連携することは重要だが、特定の会社に依存しすぎるべきではない。ケンブリッジが正しいと思う経営を貫けなくなるからだ。

- 株主に依存しない
- 特定の顧客の売上比率を上げすぎない
- 特定のソリューションやベンダーとの仕事をしすぎない

No.23 会社はマネジメントが創るものではなく、創りたい人が創るもの

会社創りは、マネジメントの専売特許ではない。会社は関心のある人が寄ってたかって創るもの。第二の創業以来、これまでも多くの人が関わって会社ができてきた。

会社創りに関心のない人がいてもOKだが、関心があるなら入社1日目であっても「自分で創る」を実践してもらいたい。

そして皆が会社創りに参加しやすくするために、「誰も発言に躊躇しない組織でいる」ことを意図的に目指さなければならない。声を上げる先は、直属の上位職に限らない。リソースアドバイザー・経営メンバー・先輩・同僚・後輩。レポートラインなど気にする必要は全くない。

No.24 現場が自律的に全社最適な意思決定を下せる組織を目指す

コンサルティングの仕事では顧客や案件に合わせて都度判断が必要なので、トップダウンではなくプロジェクトの現場での判断が必須である。権限委譲せざるを得ず、自律分散型の組織

を作る必要がある。そのためにケンブリッジでは以下を重視する。

【オープンな意思決定】

意思決定プロセスに参加することも出来るし、どうしてその結論に至ったのか確認することができる。意思決定の過程を透明化することで、全社員が自分の持ち場で自律的に判断できるようになる。会社の財務データや、売上見込みなども公開し、誰もが経営を考えられる状態を作る。

【ルールを前に思考停止せず、常に妥当性と価値観で判断する】

詳細なルールをたくさん作り、それに反しなければ何をやっても良い、というタイプの会社にはしない。共通した価値観があるのだから、それに照らしてケースバイケースで判断していく。そしてその経緯をオープンに示す。

【意思決定は必ず全社視点で】

多くのコンサルティング会社は全社最適ではなく、パートナーごとの売上最大化を目指して意思決定している。ケンブリッジはどれほど大きくなっても、全社員が全社最適を目指して意思決定する。

No.25 常に変化を生み出す

変革をリードするビジネスをしている以上、ケンブリッジ自らが変革し続ける組織であらねばならない。そのために、以下を重視する。

【いいだしっぺ優遇】

いいだしっぺを歓迎し、優遇し、バックアップする。社員からの提案はいつでも、どんな内容でも歓迎するボトムアップの会社でいる。

【迷ったら変化を選択する】

変化に慎重になるのではなく、試してダメならやめる。トライ&エラーをどんどんやる会社でありたい。ダメならきちんと振り返ってやり方を改める。

【会社方針を毎年見直す】

本資料もまた、完成されたものではない。運用しながら見直し、ブラッシュアップしていく。常に方針に疑問を持ち考え直すことが不可欠である。毎年、定期的な見直し機会を設ける。

E 会社と社員

No.26 株主より、顧客より、社員を大切にして意思決定する

コンサルティングはサービス業である以上、サービスを提供する個々のコンサルタントが活き活きと仕事を楽しめていないとサービス品質は上がらない。変革プロジェクトは、モチベー

ションが低いコンサルタントがいやいや支援して成功するほど、甘い仕事ではない。

つまり、社員を大切にしなければ顧客を大切にできない。同様に社員や顧客を大切にしなければ売上利益が上がらず、株主も大切にできない。

顧客や株主のためにも、社員の働きがいを大切にする。

No.27 アサインメントは、プロジェクトの成功と、社員の状況を両立させる

会社として、以下2つの要素を両立させたいと考えている。

○プロジェクトの成功を見据えたアサインメント

○全社員が自分にあった仕事、活き活きと活躍できる仕事をしてほしい

だからアサインメントに対して意向は表明してほしい。しかしそれは絶対ではないし、意向に沿わないアサインがされてもその案件から最大限学びを引き出してほしい。アサインメントの考え方を以下に示す。

【アサインメントの考え方】

1. そのＰＪが成功するように最善のメンバーを組み合わせる
2. 個々の特性や向き不向き、メンバーの組み合わせを考慮したアサインをする
3. 個人希望は聞き、極力沿えるように配慮する
4. パフォーマンスや顧客との問題で精神的ストレスがかかり、体調に影響するレベルに発

展した場合は即刻ロールオフする

No.28 多様な才能、価値観を持った社員がそれぞれにFITした仕方で貢献する

組織能力を伸ばしていくためには多様な人材が欠かせない。そして多様な人材を画一的な枠にはめるのではなく、その人の強みを持って伸び伸びと活躍する環境を整える。カルチャー（ミッション・ビジョン・行動規範）を共有した多様な人材が一つのゴールに向かうことで、組織能力が最大化される。

またチームデリバリーを行うことで、複業や地方移住、海外との協働など、新しい多様な働き方を社員が実現できる。

No.29 Pay For Performance

個人のパフォーマンス（能力・貢献）に応じて対価を払う。相対評価ではなく、絶対評価である。パフォーマンスが上がれば顧客からいただく対価も増やすことができるので、Pay For Performance の考え方が成り立つ。

タイトル（他の会社における職位やグレードに相当する）は、パフォーマンスに応じて上下するものである。タイトルが下がったとしてもネガティブに捉えすぎないでほしい。パフォーマンスが出るかどうかはプロジェクト環境に依存する面もあるが、それも含めて Pay For

Performance である。

No.30 タイトルはものさしに過ぎない。よい成果を目指すためにタイトルに縛られない働き方をする

プロジェクトの成功や、チームパフォーマンス、個人のパフォーマンスを最大化するために、タイトルに縛られない働き方をする。

コーポレートタイトルは待遇を決めるための制度であり、仕事をする際に過剰に意識しても良いことがない。

「私はSEN1だから、これだけをやればいい（ぬるい仕事）」
「彼女はSEN2だから、これは任せられない（ストレッチなし）」
「彼はSEN3だからここまでできないとダメよね（周囲からの過度な期待）」

というスタンスは、タイトル以上の役割に挑戦すること、自分の強みで仲間の弱みを補いチームのパフォーマンスを向上させること、相手のことを考えたフィードバックを阻害する。

タイトルの上下は、上下関係を示すものではない。発言の重い軽いを表すものでもない。タイトルにかかわらず、発言や主張はフラットで、各自が出来ることを全力でやるべきである。

No.31 「実感が持てる」を大事にする

成長実感／面白く楽しい実感／貢献している実感／素早く進む実感／大きな成果を達成した実感。

客観的な状況も重要ではあるが、本人にとっては主観がすべて。実感が持てるかは本人次第の部分も大きいが、仕掛けとして極力サポートしたい。

特に、ケンブリッジが顧客に与えることができた本質的な価値は、プロジェクト終了後に初めて見えてくる／ケンブリッジが把握できることが多い。プロジェクトの途中や終了後に、意図的に「実感」を全社に伝えることが必要（サンセットや、アフターストーリーのヒアリング・貢献、支援が終わった顧客との長いつながりなど）。

No.32 カルチャーフィットしなければ採用しない

カルチャーフィットした優秀な人材が、最も採用すべき人材なのは言うまでもない。

その上で、カルチャーフィットしないが優秀な人材と、その逆の人材のどちらかを選ぶとしたら、ケンブリッジは後者を選ぶ。

カルチャーフィットしていれば、組織能力が高まるし、（多少時間がかかったとしても）長い目で見れば成長すると信じているからだ。

No.33 採用候補者を特別扱いしない

採用活動のすべての局面を通じて、普段の社員同士の付き合いの延長線上で採用候補者とお付き合いをする。

つまり、

○1人の人間としてRespectを持って接する（当たり前だが、できていない企業が多い）
○お客さん扱いをして、チヤホヤしたりケンブリッジの良いところばかりを見せない
○採用候補者と駆け引きはしない

という方針である。

このスタンスを保つことで、ケンブリッジの綺麗事を追求する姿勢を実感してもらえたり、入社後の期待値ズレを防ぐことができる。採用候補者は将来ケンブリッジの顧客やインフルエンサーになり得ることも意識すべきだ。

具体的な行動としては、

○会社の良いことも改善すべき点も包み隠さず伝える
○社員と同様に、成長を願ってフィードバックする
○なるべく多くの社員とざっくばらんなコミュニケーションをしてもらう
○ともに楽しく、気持ちよく仕事（3DayJobや面接など）をする

などを指す。
この様に接していくなかで候補者に判断してもらい、結果的に辞退に至るなら、ご縁がなかっただけのこと、と割り切る。

F 人材育成

No.34 組織能力向上において最重要のテコは育成である

典型的なピープルビジネス（人材の質こそが競争優位性をもたらすビジネス）であるコンサルティング業を営む以上、組織能力向上の最大の鍵は社員自身が成長することである。一般的な座学トレーニングを開催するにとどまらず、教育内容である方法論の開発、育成を睨んだスタッフィング、意図的なＯＪＴ、相互フィードバックの文化など、全方位的な手段で社員を育成する。

また、「ケンブリッジでしか通用しない人材」ではなく「どこでも活躍できる人材」を目標とする。「市場価値があるのでいつでも転職できるが、ケンブリッジは働きがいがあるので辞めない」という状態を目指す。

No.35 キャリアは自己責任

組織能力向上のために会社は全力で社員を育成するが、一方で一人のプロフェッショナルとして「キャリアは自己責任」という意識を保つ必要がある。

どんな能力を伸ばし、そのために何を学ぶか?を考え続け、必要とあらばスタッフィングやトレーニングについて要望を出してほしい。個人が自身の成長に責任を保つ状態こそ、もっとも成長に適した環境なはずだ。

No.36 転職しなくても、チャレンジし続けられる環境を作る

社員が新しいチャレンジをすること、ストレッチをすることを推奨したい。推奨するだけでなく、必要に応じてサポートする。

社員が望むなら、チャレンジ案件へのトライや、スピンアウトしてスタートアップを立ち上げるなど、やりたいことをやれる／支援できる会社でありたい。

No.37 新しいサービスや方法論を生み出し、磨き続ける

既存の技術・サービス・方法論に固執してはならない。

常にこれまで取り組んだことのないサービスにチャレンジしたり、別な方法でプロジェクト

を成功させる。常に変化するし、常に向上の余地がある。そういった現場でのチャレンジから知を生み出し、方法論に洗練させて拡げ、実践を通じて磨く取り組みを続ける。

それに加え、ケンブリッジにはない方法論を持った人材を迎え、ケンブリッジのプロジェクトに合わせながら方法論に取り込んでいく（社員として採用することはもちろん、講演や協業などでも）。

新しいことを常に学び、トライし、内省し、言語化しつづけよう。

あとがき

わたしの本職は変革プロジェクトをリードするのが得意なコンサルタントですから、これまで書いた5冊の本はいずれもプロジェクトやITについての本でした。プロジェクトの現場では、実践を通じて仕事のやり方を模索し続けます。その実践知を他人に教えられるくらいに言語化できたと感じたら、本を書くことで整理する。これがわたしの執筆スタイルです。

6冊目のこの本は、とある経営スタイルの紹介がテーマですので、これまでの本とはかなり趣が異なります。でも最後の章で引用した自分の文章に「あなたつくる人、僕食べる人」と書いてあったので、これまでの本との共通点に思い至りました。

変革プロジェクトやシステム構築プロジェクトをリードするときにわたしが心がけているのは、「あなたつくる人、僕食べる人」の関係にならないことです。例えばシステムのユーザーが、レストランで口を開けて待っているお客さんみたいになっては、システムを構築するプロジェクトは絶対失敗します。そうではなく、ユーザー自らが「自分もシステムを作るチームの一員だ」と思わなければ、本当に望むシステムは手に入らない。

実は会社も同じなのではないか。

社員が「会社が何をしてくれるのか?」と口を開けて待っていても、良い会社にはならないし、自分も成長しないし、利益が上がらないから給与も上がらない。そうではなく、「自分も会社を作るチームの一員だ」と思わなければ、働きがいのある職場は手に入らない。

社員ファースト経営とはそういうことなのでしょう。

これまでのプロジェクトやITについての本と同様に、この本が読者の皆さんの助けになることを願っています。

最後に、ケンブリッジを創ってきたすべての同僚に感謝します。会社が今の形なのは多くの社員の貢献や野心のおかげです(社員が会社を創る、とはそういうことです)。感謝の対象には、ケンブリッジを辞めた同僚も含まれます。ともに会社を創ってくれたことはもちろん、皆さん一人一人が辞めた際に、会社の至らないところを思い知り、それが今の社員ファースト経営に結びついています。

また、社員ファーストなどと言っているわたし達と一緒にお仕事をしてくださったお客様にも感謝します。わたしの心理的安全性の源泉である妻にも感謝したい。

2023年6月

白川 克

白川 克（しらかわ・まさる）

ケンブリッジ・テクノロジー・パートナーズ バイス・プレジデント

プログラマーとしてキャリアをスタート。ケンブリッジに転職後、業務改革、システム構築、ビジョン策定などのプロジェクトを数多く経験。ファシリテーションを武器に、コンセプト立案やチームビルディング、人材育成を得意とする。

現在は3つの仕事（お客様とのプロジェクト、執筆や方法論構築、COOとして自社の経営）を担当。

主な著書に『業務改革の教科書』（共著、日本経済新聞出版）、『リーダーが育つ 変革プロジェクトの教科書』（日経BP）、『システムを作らせる技術』（共著、日本経済新聞出版）。

社員ファースト経営

2023年7月19日　　1版1刷

著　者　白川　克

発行人　國分正哉

発　行　株式会社日経BP
日本経済新聞出版

発　売　株式会社日経BPマーケティング
〒105-8308　東京都港区虎ノ門4-3-12

装　丁　竹内雄二

本文DTP　マーリンクレイン

印刷・製本　三松堂

ISBN978-4-296-12211-0　Printed in Japan